"Jennifer LeClaire ha bendecido ⟨...⟩ y revelando el verdadero espíritu de ⟨...⟩ an leer este libro. Iluminará y capacitará a cada creyente p⟨...⟩ a el espíritu de Jezabel y venza su meta seductora de llevar al pueblo de Dios a la inmoralidad sexual y la idolatría. Dios te bendiga, Jennifer, por tener el valor de sacar a la luz el espíritu de Jezabel".

Dr. Bill Hamon, obispo,
Christian International Ministries Network;
autor, *Los profetas y la profecía personal,*
El día de los santos y diez libros más

"Las modas en la iglesia vienen y van, pero los principados y las potestades contra los que luchamos como Cuerpo de Cristo no han cambiado durante milenios. En su último libro, Jennifer LeClaire expone el espíritu eterno de Jezabel que todavía engaña a los creyentes en la actualidad para que crean que se trata de una mera manipulación y control. Al ir separando las capas de este espíritu seductor, Jennifer no solo abre los ojos a los creyentes que no están conscientes de esto, sino que también los equipa para la guerra. Y por haber trabajado diariamente con Jennifer en el frente de los medios de comunicación y del ministerio, no conozco muchas otras personas que hayan batallado tanto como ella contra esta fuerza invasiva".

Marcus Yoars, exeditor, *Charisma*

"¡Este libro es muy oportuno! Jennifer LeClaire, con precisión profética, manifiesta y expone las causas y los principados que seducirán y, en última instancia, destruirán la voz y la autoridad del creyente individual y de la iglesia en su conjunto. *Manual del guerrero espiritual para derrotar a Jezabel* lo provocará a hacer una reflexión honesta y lo equipará para que se revista con el manto de la autoridad de Dios a través de una vida de autenticidad y santidad en Cristo. Nuestras elecciones en privado tienen consecuencias públicas, por tanto, aquellos que sean honestos con ellos mismos y que tengan sed de la verdad encontrarán el mensaje de este libro liberador y victorioso, no restrictivo ni desalentador".

Doug Stringer,
fundador/presidente, Somebody Cares America/
International and Turning Point Ministries International,
Houston

"Finalmente un libro que va directo al grano, desenmascarando el bombo y platillo y la histeria que rodea a Jezabel y a su doctrina diabólica de inmoralidad sexual. Muchos han tratado pero han fracaso en el intento de exponer el verdadero error subyacente que provocó tal desastre espiritual en la iglesia de Tiatira y continúa afectando al Cuerpo de Cristo hasta la actualidad. Con su pluma ungida y su poderosa voz profética, Jennifer LeClaire nos ofrece una percepción, sabiduría e instrucción para poder reconocer y lidiar con este peligroso y mortal enemigo. Una lectura esencial para todos los líderes espirituales".

David Ravenhill, autor y profesor

"En mis propios libros he enfrentado la cultura inspirada por Baal en este mundo y la inmoralidad generalizada y el egocentrismo que provoca. Como una voz que clama en el desierto, Jennifer LeClaire se hace eco de estas preocupaciones en términos poderosos. Recomiendo de todo corazón este mensaje. Léalo y ore por una nueva reforma".

R. Loren Sandford, pastor principal,
New Song Church and Ministries, Denver

"La historia de Jezabel es atemporal. El espíritu que la movió continúa moviendo a multitudes en la actualidad. Es obvio que Jennifer Le-Claire ha lidiado con las tácticas engañosas de este espíritu. Como un faro en una torre, Jennifer ha sentido la motivación de escribir este manual para el guerrero. Debe estar en las manos de todos los que se refieren a sí mismos como 'guerreros espirituales'. ¡No hay palabras perdidas y no hay tiempo que perder! Según la Palabra de Dios 'el nombre de los impíos se pudrirá' (Proverbios 10:7). El nombre de Jezabel se ha podrido, pero su carácter continúa influyendo en miles de vidas en la actualidad. Devoremos esta enseñanza y destruyamos este espíritu de una vez y para siempre".

Steve Hill, fenecido evangelista, Dallas

"¡Un libro desafiante, singular y asombrosamente útil! Los guerreros espirituales adquieren una nueva percepción del poder y de la oración. Mediante el uso de reveladores pasajes de las Escrituras, impactantes ilustraciones y recursos confiables, Jennifer LeClaire desenmascara valientemente a Jezabel y a Babilonia, los agentes principales del adversario que pretende hundir a la sociedad y destruir a la iglesia. Una guía maestra para el contraataque".

Ernest Gentile, Ministers Fellowship International;
miembro honorario, Apostolic Leadership Team

MANUAL DEL GUERRERO ESPIRITUAL PARA

DERROTAR *a* JEZABEL

Jennifer LeClaire

Manual del guerrero espiritual para

Derrotar *a* Jezabel

CASA
CREACIÓN

La mayoría de los productos de Casa Creación están disponibles a un precio con descuento en cantidades de mayoreo para promociones de ventas, ofertas especiales, levantar fondos y atender necesidades educativas. Para más información, escriba a Casa Creación, 600 Rinehart Road, Lake Mary, Florida, 32746; o llame al teléfono (407) 333-7117 en Estados Unidos.

Manual del guerrero espiritual para derrotar a Jezabel
por Jennifer LeClaire
Publicado por Casa Creación
Una compañía de Charisma Media
600 Rinehart Road
Lake Mary, Florida 32746
www.casacreacion.com

A menos que se indique lo contrario, el texto bíblico ha sido tomado de la versión Reina-Valera © 1960 Sociedades Bíblicas en América Latina; © renovado 1988 Sociedades Bíblicas Unidas. Utilizado con permiso.

Las citas de la Escritura marcadas (NVI) han sido tomadas de la Santa Biblia, Nueva Versión Internacional NVI copyright © 1999 por Bíblica, Inc. Usada con permiso. Todos los derechos reservados mundialmente.

Traducido por: Signature Translations
Diseño de la portada: Vincent Pirozzi
Director de diseño: Justin Evans

Visite la página web de la autora: www.jenniferleclaire.org

Library of Congress Control Number: 2014930390
ISBN: 978-1-62136-835-9
E-book ISBN: 978-1-62136-838-0

Impreso en los Estados Unidos de América
14 15 16 17 18 * 5 4 3 2 1

Dedico este libro a mi hija Bridgette, cuya sabiduría y discernimiento sobrepasan sus años y cuyo corazón para las misiones globales me inspira.

Contenido

Prólogo

El espíritu de Jezabel está operando en la iglesia pero muchos no lo entienden. Jesús enseñó a la iglesia primitiva que Jezabel tentaba a los creyentes a tolerar y promover la idolatría y la inmoralidad entre los santos (ver Apocalipsis 2:20–21). No obstante, algunos en la actualidad ven este serio problema como simplemente una mujer con una personalidad fuerte que trata de manipular y controlar a la gente. Si limitamos a esto nuestro entendimiento de Jezabel, entonces pasaremos por alto lo que Jesús está diciendo.

En el *Manual del guerrero espiritual para derrotar a Jezabel,* Jennifer LeClaire alerta acerca de este peligro en los últimos tiempos de la iglesia. Jennifer nos muestra utilizando las Escrituras cómo Jezabel es más que control y manipulación.

En esencia, Jezabel es un espíritu de seducción. Jennifer alza su voz contra una invasión demoniaca llamada inmoralidad cada vez más creciente en la iglesia. Ella expone las raíces del espíritu de Jezabel y ofrece ejemplos prácticos de cómo las enseñanzas distorsionadas acerca de la gracia de Dios están permitiendo que este poder seductivo se adentre en la iglesia.

La Biblia es clara: Debido a su gran amor por su pueblo, Jesús confrontará y juzgará a aquellos que se nieguen a arrepentirse de

Prólogo

la idolatría y la inmoralidad en las que participó Jezabel (ver Apocalipsis 2:22–23). No obstante, ha prometido que entregará el poder sobre las naciones a los que venzan. Jennifer equipa a los lectores con la verdad que necesitan para vencer y así poder mantener una relación íntima con Jesús y reinar con Él en la eternidad.

Mike Bickle,
Director de la International House of Prayer,
Kansas City

Agradecimientos

En primer lugar quiero expresar mi más profundo aprecio a Jane Campbell, directora editorial de Chosen Books, por estar dispuesta a considerar la publicación de este trabajo acerca de los peligrosos aspectos de Jezabel que van más allá de la comprensión popular en cuanto a este principado.

Además, muchas gracias a Mike Bickle, director de la International House of Prayer en la ciudad de Kansas, cuyas enseñanzas sobre Jezabel me inspiraron a investigar más allá de los estereotipos que han cubierto a este espíritu y a desarraigar la verdad acerca de cuán malvado es en realidad este enemigo de los últimos tiempos.

Por último, pero no por eso menos importante, bendigo a aquellos que me persiguieron con tanta tenacidad que me motivaron a ir en busca de verdades más profundas sobre Jezabel y a exponer las motivaciones subyacentes de este espíritu. Es mi oración que la información que aquí se ofrece ayude a otros a no caer en la tentación de hacer acusaciones falsas contra los inocentes mientras el verdadero enemigo pasa inadvertido.

1

El engaño de Jezabel

El engaño de Jezabel. Suena como un intrigante libro de misterio y asesinatos que promete tenerlo en suspenso hasta la última página...y de hecho es así. Seguramente ha escuchado acerca de esta villana astuta, tal vez en sermones, y quizá ha leído advertencias sobre ella en las Escrituras. Puede que incluso esté seguro de que la ha visto en su propia iglesia. Usted continúa reuniendo pistas que le ayuden a descubrir la verdadera identidad de "Jezabel" pero, como descubriremos muy pronto, es probable que se haya desviado, o incluso engañado, con pistas falsas a lo largo del camino. Este no es un enemigo insignificante.

Como todas las historias cautivantes de asesinatos y misterios, el engaño de Jezabel nos presenta a un siniestro antagonista. El antagonista en esta historia es, por supuesto, una seductora espiritual llamada Jezabel. Sus víctimas son reales, los innumerables santos que esta sirena ha arrullado para conducirlos a la destrucción. Y el protagonista intransigente que está listo para liberar a los cautivos de la hechicera es nada más ni nada menos que el Señor Jesucristo.

El destino de Jezabel está sellado y así mismo lo está el de sus hijos espirituales, aquellos que siguen su enseñanza. No obstante, a pesar de haber estado enseñando sobre Jezabel durante décadas y a pesar del hecho de que el libro de Apocalipsis revela sus motivaciones y tácticas e incluso nos muestra la vía de escape, muchos en el Cuerpo de Cristo parecen ignorar quién es Jezabel en realidad, cómo se manifiesta y cómo vencer a este antiguo enemigo.

Esto sucede porque Jezabel esconde sus actos más malévolos detrás de la máscara de control y manipulación, características que no siempre requieren el don de discernimiento de espíritu para identificarlas, y estos son los rasgos en los que se enfocan la mayoría de los sermones sobre "Jezabel".

El resultado: los cristianos están orando por un fruto superficial mientras la raíz que alimenta a Jezabel se hace fuerte y se manifiesta cada vez más poderosamente. La mayoría de las personas están despistadas y no reconocen la obra sutil y las motivaciones escondidas de este ser espiritual; no investigan debajo de la superficie para descubrir las raíces demoniacas y la agenda escondida. El control y la manipulación son manifestaciones fuertes pero, en última instancia, son medios para llegar al fin.

El mayor engaño de Jezabel

El poeta francés del siglo diecinueve Charles Baudelaire dijo en una ocasión que el mayor engaño de Satanás es convencer al mundo de que no existe. Si eso es cierto, entonces tal vez el mayor engaño de Jezabel es convencer a la iglesia de que no es nada más que un espíritu de control. Piénselo. Si el enemigo puede distraerlo de sus propósitos lanzándole pistas falsas sobre, dónde se esconde, por ejemplo, entonces puede tomarlo desprevenido, tenderle una emboscada y llevarlo cautivo. Eso es exactamente lo que está haciendo Jezabel al convencer a la iglesia de que su motivación no es otra que controlar y manipular por el deseo de poder y autoridad.

La estrategia está funcionando. Hay tiendas en línea que ofrecen cientos de libros y videos que proclaman que Jezabel es el "espíritu de control" y sugieren formas para romper, vencer, derrotar y exponer al espíritu de Jezabel. ¡Uno incluso promete cinco pasos para detener al espíritu de Jezabel en un solo día! Jezabel tiene que estarse riendo al ver a las personas luchar contra el espíritu equivocado.

Se ha convertido en una buena venta, una superestrella demoniaca que capta la atención de algunos campos de guerra espiritual que intentan poner este espíritu de control bajo sus pies o disminuir su influencia sobre las ciudades de una vez y pasa siempre. Ciertamente Jezabel se ha convertido en un tema tan clave que los cristianos están haciendo novelas sobre ella. Algunos pastores se han unido a la moda de Jezabel y atraen a los visitantes a sus sitios web con muy poca comprensión de aquello con lo que realmente están lidiando. Estos pastores, sin saberlo, están propagando el engaño de Jezabel. El espíritu de Jezabel tiene que estar disfrutando la atención y la realidad de que está manteniendo bien escondido el peligro más profundo.

El mayor engaño de Jezabel es convencer a los cristianos llenos del Espíritu de que es un espíritu de control sediento de poder que se promueve a sí mismo y que quiere dominar al pastor con el objetivo de ganar una posición de autoridad espiritual en la iglesia local. Esto en parte es cierto: Jezabel se manifiesta en el control y la manipulación. Pero ese es el fruto más pequeño de un árbol podrido.

Jezabel ha tenido éxito distrayendo a la iglesia de su propósito más importante al disfrazar lo que realmente es: un espíritu de seducción que conduce a las personas a la inmoralidad y a la idolatría (ver Apocalipsis 2:20) y una compañera de Babilonia que es una asesina. La Señora de los reinos se jacta: "Nadie me ve" (Isaías

47:10). La Señora de los reinos es el espíritu de Babilonia y su compañero de carrera religiosa es Jezabel. Parte de la agenda de Jezabel es seducir a las personas para que adoren a la Señora de los reinos en vez de al Rey de reyes. Puede que comience con la manipulación y el control, pero termina con el asesinato.

¿Principado, poder o espíritu?

Antes de analizar más profundamente el engaño de Jezabel, vamos a definir la terminología. A algunos en los círculos carismáticos les gusta decir que uno tiene que "separar al principado de la personalidad" al tratar con personas difíciles. Esa es otra forma de decir que debemos odiar el pecado y amar al pecador.

Jesús todavía ama a los pecadores que puedan sucumbir al espíritu de Jezabel y les ofrece que vengan al arrepentimiento, pero la Escritura deja claro que: "Seis cosas aborrece Jehová, y aun siete abomina su alma: los ojos altivos, la lengua mentirosa, las manos derramadoras de sangre inocente, el corazón que maquina pensamientos inicuos, los pies presurosos para correr al mal, el testigo falso que habla mentiras, y el que siembra discordia entre hermanos" (Proverbios 6:16–19). Jezabel es una participante activa en estos y otros pecados, así como los individuos que ella controla.

¿En qué nivel se ubica Jezabel en la jerarquía que hace el apóstol Pablo de los espíritus demoniacos en Efesios 6? Pablo dijo, inspirado por el Espíritu Santo, que necesitamos ponernos toda la armadura de Dios. Hay una buena razón para esta exhortación: estamos luchando "contra principados, contra potestades, contra los gobernadores de las tinieblas de este siglo, contra huestes espirituales de maldad en las regiones celestes" (Efesios 6:12). ¿Es Jezabel un principado, una potestad, un gobernador de las tinieblas de este siglo? ¿Es Jezabel un espíritu común o un demonio o el diablo?

El engaño de Jezabel

Existe un desacuerdo en el Cuerpo de Cristo acerca de dónde se ubica Jezabel (y otros espíritus también) en la lista de Efesios 6. La palabra *principado* proviene del término griego *arché*, que significa "jefe o dictador". Implica autoridad o liderazgo en el mundo. Del diccionario aprendemos que los principados lideran sobre jurisdicciones. Son "príncipes" de territorios. Si observa algunas regiones del mundo, se dará cuenta de la influencia de los principados.

Para nuestro debate y para evitar la confusión, usaremos la palabra *diablo* para referirnos al propio Satanás y *demonio* para un espíritu de un nivel más bajo. Parece lógico ubicar a Jezabel cerca de la cima de la jerarquía, tal vez como un principado, aunque se conoce mejor como el "espíritu de Jezabel".

Aunque Jezabel empuña armas de control y manipulación, Jezabel *no* es el espíritu de control. Jezabel es esencialmente un espíritu de seducción. Jezabel trabaja para seducirnos a la inmoralidad y a la idolatría.

Jesús habló claramente a la iglesia de Tiatira: "Sin embargo, tengo en tu contra que toleras a Jezabel, esa mujer que dice ser profetisa. Con su enseñanza engaña a mis siervos, pues los induce a cometer inmoralidades sexuales y a comer alimentos sacrificados a los ídolos" (Apocalipsis 2:20, NVI). De modo que mientras la iglesia está tratando de evitar a personas agresivas y tejiendo una letra escarlata imaginaria en las blusas de las mujeres con personalidad dominante, estamos permitiendo que el verdadero principado se apodere del púlpito y de los bancos. Estamos tolerando a esa mujer Jezabel. Estamos violando las Escrituras.

Donde no hay arrepentimiento, la inmoralidad con el tiempo cauteriza la conciencia. Dejamos de ser sensibles al Espíritu de Dios, pero anhelamos encuentros espirituales. Ahí es donde el espíritu de idolatría se hace presente. Los creyentes comprometidos buscan experiencias sobrenaturales y a veces encuentran manifestaciones y encuentros demoniacos. Afirman que es el Espíritu

Santo, pero no es así. Es un "ángel de luz" que los guía a un engaño mayor.

Esa mujer Jezabel

El engaño de Jezabel es un antiguo relato que se encuentra a lo largo de la historia bíblica. Leemos en 2 Reyes 9:34 que Jehú confrontó a la reina Jezabel, la esposa de Acab rey de Israel y la llamó "maldita". Mientras estaba exiliado en la isla de Patmos, Juan el apóstol escribió una revelación de Jesucristo, en la que Jesús confrontó a "esa mujer" Jezabel (Apocalipsis 2:22). Esas no son las únicas dos manifestaciones del espíritu de Jezabel que encontramos en la Escritura. Podemos ver a Jezabel trabajando en las vidas de Sansón, David, Salomón y otros. Y vemos a Jezabel trabajando en las vidas de personalidades prominentes de la iglesia actual.

En Apocalipsis 2:22–23, Jesús arroja en cama a la falsa profetisa Jezabel e hiere a sus hijos de muerte. Duras palabras de parte de un amoroso Salvador y que debe darle la primera pista de cuán malvado es este espíritu en realidad. Jesús no estaba lidiando con una mujer controladora y manipuladora que se negó a someterse al pastor. Jesús estaba hablando del propósito malvado y escondido de Jezabel: el asesinato.

Con el objetivo de entender el engaño de Jezabel, uno tiene que entender el espíritu que motivó a los personajes bíblicos que se conocen como Jezabel. El espíritu de Jezabel existía mucho antes de la reina a la que se refiere 1 Reyes y de la falsa profetisa de la que se habla en Apocalipsis. Cuando uno entiende la verdadera motivación de este espíritu, se dará cuenta de que ya estaba vivo y en acción en la época de Nimrod, muchos siglos atrás.

Abundaremos más en esta historia en el capítulo 4, pero quiero decir algo aquí acerca de la persona que la mayoría de los estudiantes de la Biblia asocian con el espíritu de Jezabel, que es la mujer malvada que se convirtió en reina. La reina Jezabel personificó tan bien el espíritu de Jezabel que por eso lo llamamos así.

Jezabel era una princesa fenicia que se casó con Acab, rey de Israel. Su padre fue Et-baal, rey y sumo sacerdote de los sidonios. La reina Jezabel introdujo la adoración a Baal en Israel. Al acceder a su idolatría, el rey Acab quebrantó los primeros dos mandamientos:

"No tendrás dioses ajenos delante de mí. No te harás imagen, ni ninguna semejanza de lo que esté arriba en el cielo, ni abajo en la tierra, ni en las aguas debajo de la tierra. No te inclinarás a ellas, ni las honrarás; porque yo soy Jehová tu Dios, fuerte, celoso, que visito la maldad de los padres sobre los hijos hasta la tercera y cuarta generación de los que me aborrecen".

Éxodo 20:3–5

La adoración a Baal nos ofrece algunas pistas con respecto a las obras de Jezabel. El nombre *Baal* significa "señor" o "proveedor". Según la Biblia *Dake Annotated Reference Bible*, Baal es el dios del sol para los fenicios y la deidad suprema de los cananeos y de otras naciones paganas. Su nombre completo es *Baal-Shemaim*, que significa "señor del cielo". En la mitología griega Baal es el equivalente de Zeus.

Los cananeos, que adoraban a Baal, practicaban en la adoración del sexo, ritos de fertilidad, prostitución religiosa y el sacrificio humano, todo eso para pacificar a los dioses. A lo largo de 54 capítulos de la Biblia usted encontrará a la falsa profetisa Jezabel que enseña y seduce a los siervos de Dios a cometer inmoralidad sexual y a comer cosas sacrificadas a los ídolos. ¿Puede ver cómo se arma el escenario para la idolatría y la inmoralidad sexual en el mundo de Jezabel? Dondequiera que Jezabel esté llevando las riendas, usted encontrará idolatría e inmoralidad sexual detrás del escenario.

¿Cuán siniestro es en realidad el espíritu de Jezabel? El diccionario bíblico *Easton* afirma:

> Jezabel ha estampado su nombre en la historia como la representante de todo lo inventado, elaborado, malicioso, vengativo y cruel. Es la primera gran instigadora de la persecución contra los santos de Dios. No se guía por ningún principio, no la detiene el temor ni de Dios ni de los hombres, se apasiona en su afán de tener la adoración pagana, no escatima esfuerzos para mantener la idolatría alrededor de ella en todo su esplendor.

El *Comentario bíblico* de Matthew Henry se refiere a Jezabel como una "idólatra celosa, extremadamente arrogante y maliciosa en su temperamento natural, adicta a la brujería y a los hechizos y despiadada en todos los sentidos".

Claramente el espíritu de Jezabel está interesado en algo más que el control y la manipulación. Tenemos que discernir la motivación más profunda de este espíritu si deseamos resistir las tentaciones que conducirán a una caída estrepitosa sobre la que Pablo alerta en 2 Tesalonicenses 2:3. Judas nos exhorta a contender ardientemente por la fe que una vez nos fue dada, porque "algunos hombres han entrado encubiertamente...hombres impíos, que convierten en libertinaje la gracia de nuestro Dios, y niegan a Dios el único soberano, y a nuestro Señor Jesucristo" (Judas 4).

El espíritu de Jezabel se pasea por el mundo. Lamentablemente, Jezabel también se pasea libremente en la iglesia y se manifiesta en muchas congregaciones locales sin que nadie ni siquiera la note...o la confronte.

Jezabel va a la iglesia

Si Jezabel no es un espíritu de control y manipulación, ¿cómo es entonces? Es tal y como muchos libros la describen, en la superficie. Es por eso que muchos son engañados. Jezabel no es meramente una mujer (o un hombre) con una personalidad dominante o un carácter inmaduro. La influencia de Jezabel va mucho más allá de un deseo de convertir a alguien en un portavoz o una marioneta, o de controlar el listado de canciones de adoración, o de intimidar a las personas para que se unan a círculos íntimos con el objetivo de salvaguardar las posiciones de liderazgo de aquellos que controla.

Seamos realistas. Algunas de esas personas controladoras con aires de jefe solo necesitan leer *Cómo ganar amigos e influir en la gente* y van a estar bien. En otras palabras, algunos santos solo necesitan obtener habilidades para tratar con la gente.

De modo que, piense otra vez: ¿Cómo luce Jezabel en la iglesia? Hombre o mujer, un jezabelita, que significa una persona que está influenciada o dominada por este espíritu, es un seductor sutil. Y la palabra clave es *sutil*. Si Jezabel fuera obvia no engañaría a nadie.

Un jezabelita usualmente tiene una personalidad carismática que atrae a la gente a otros dioses y los separa de Cristo. A veces tiene éxito en su idolatría al exaltar pastores, elevándolos, poniéndolos en un pedestal, dándoles el honor que Dios debe tener. También hace esto atrayendo a las personas hacia las cosas del mundo e introduciendo doctrinas y principios que suenan piadosos pero que provienen del sistema del mundo.

Además, un jezabelita anima al pecado con facilidad. Una mujer le confiesa, por ejemplo, que tiene relaciones sexuales fuera del matrimonio. El jezabelita le asegurará a esa mujer que no hay problema si está enamorada, aliviando la culpa y eliminando cualquier temor de Dios que la mujer pueda tener.

Por favor escúcheme: Si solo estamos buscando control y manipulación, acusaremos erróneamente a las personas de "tener un espíritu de Jezabel" mientras que este principado crea el caos en la vida de la iglesia.

El odio de Jezabel a los profetas

Se han trazado líneas muy bien definidas entre los profetas de Dios y Jezabel. Recuerde, fue la malvada reina Jezabel quien recibió el crédito por matar a los profetas del Señor. Abdías arriesgó su vida al esconder a cien profetas en dos cuevas y alimentarlos con pan y agua, mientras que los propios profetas de Jezabel se sentaban a una mesa repleta de rica comida y vino (ver 1 Reyes 18:4, 19). De este contraste podemos deducir que hay recompensas carnales por cooperar con Jezabel en esta vida y que hay recompensas eternas por negarse a tolerar este espíritu.

Según este mismo simbolismo, Dios no esperará hasta la eternidad para derramar sus juicios sobre aquellos que se niegan a arrepentirse de haber tolerado el espíritu de Jezabel. Como tampoco aquellos que se niegan a tolerar este espíritu se quedarán sin recompensa en esta vida. Lo digo por experiencia. Si usted se niega a inclinarse ante Jezabel, sin importar el costo, Dios lo recompensará, al menos en parte, incluso ahora. Ciertamente creo que el mismo hecho de que esté escribiendo este libro es la recompensa que Dios me ha dado por levantarme contra este espíritu.

Jezabel se enfoca en voces proféticas porque quiere apagar la voz de Dios para dejar el espacio libre a las falsas manifestaciones proféticas, que promueven la religión inmoral e idólatra. Aunque algunas enseñanzas establecen una conexión solo entre Jezabel y los profetas, Jezabel no está solamente detrás de los profetas. Si los santos creen que Jezabel solo está interesada en los profetas o los pastores u otros líderes en el Cuerpo, bajarán la guardia y se convertirán en presa fácil. Es decir, si no son líderes espirituales no sienten la necesidad de preocuparse por convertirse en blanco de Jezabel.

Jezabel alegremente controlará, manipulará y trabajará a

través de cualquier vasija herida, quebrantada o dispuesta. Nunca piense que es inmune a la agenda de Jezabel solo porque no es profeta. Puede que no tenga el oficio de profeta, pero si ha sido lleno del Espíritu Santo tiene el don de la profecía. E incluso si nunca ha buscado ser "lleno del Espíritu Santo", Jezabel hará su trabajo sucio a través de usted si se lo permite.

Dicho esto, Jezabel considera las voces proféticas como una inversión estratégica. Si Jezabel puede acallar o pervertir la voz de un líder espiritual puede influir en la cultura religiosa. Cuando eso sucede, somos testigos del surgimiento de marionetas proféticas en manos de Jezabel en vez del surgimiento de pioneros proféticos para Jesús. En vez de vasijas puras que hablan lo que les dice el Espíritu de Dios, tenemos guerreros torcidos por una diosa seductora empeñados en conducir a las personas a la atadura de la inmoralidad sexual y la idolatría.

¿Está equipado para la batalla?

Ahora mismo somos testigos de cómo Jezabel pervierte y convierte en marionetas a los profetas al mismo tiempo. Creo que se aproxima el momento decisivo. Jehová quiere que usted le sirva de todo corazón, con toda su alma y con toda su fuerza. Jezabel también quiere su devoción. La diferencia es que Jesús no lo manipulará para que lo sirva. El Espíritu Santo nunca tratará de controlarlo. Jezabel sí. Todos nosotros tenemos un momento en nuestras vidas en el que llegamos al Valle de Siquem. El Señor le está diciendo: "Escogeos hoy a quién sirváis" (ver Josué 24:15).

Tristemente, gran parte de la iglesia permanece completamente ignorante de esta guerra en los cielos y gran parte de la iglesia está luchando contra el espíritu de control pensando que es Jezabel. Este engaño no puede continuar. No podemos permitir que nos sigan distrayendo las pistas falsas que nos desvían de la verdad. Jesús promete autoridad sobre las naciones a aquellos que conquisten a Jezabel y juicio a aquellos que sigan su falsa doctrina.

Debido a que muchos líderes cristianos no comprenden el daño más profundo que puede causar el espíritu de Jezabel, muy pocos están trabajando para equipar a los santos con la verdad para combatir su estrategia malvada. Enfrentémoslo: Jezabel es un tema que mueve multitudes y vende libros. Pero repito, es probable que Satanás esté sentado riéndose mientras nos ve a nosotros producir enseñanzas incompletas acerca del tema de Jezabel que mantienen a la Señora de los reinos escondida de nuestra vista.

Sí, Babilonia y el espíritu de Jezabel vendrán un día a juicio. Pero también lo harán todas las personas que no se han arrepentido de haber caído en la idolatría y la inmoralidad a la que los sedujo Jezabel. ¡Debemos estar luchando contra esto!

Al armarnos de una comprensión total de quién es realmente Jezabel, podemos evitar caer en su trampa debido a enseñanzas erróneas sobre la gracia o a una total ignorancia de las estratagemas de este principado. Armado con la verdad, usted puede caminar libre de las influencias pecaminosas de Jezabel. Pero necesita toda la verdad.

2

Una amonestación real

La iglesia siempre se sorprende grandemente cuando sus líderes principales son descubiertos en inmoralidad sexual, y es lógico. Pensamos que debemos seguir su ejemplo porque ellos siguen el ejemplo de Cristo (ver 1 Corintios 11:1). Trágicamente, demasiados han seguido a Jezabel en vez de a Cristo. Ya sea por aventuras adúlteras, confesiones de homosexualidad o cargos por abuso de niños, los santos nunca vieron la caída inminente de sus amados líderes y se sienten devastados al conocer los sórdidos detalles.

¿Por qué no lo vieron venir? Parece que un número de iglesias golpeadas por el escándalo estaban teniendo un gran impacto positivo antes de que las revelaciones se hicieran públicas.

Jesús dijo: "Por sus frutos los conoceréis" (Mateo 7:16). Pero recordemos que Jesús también dijo: "Nada hay encubierto, que no haya de ser manifestado; ni oculto, que no haya de saberse" (Mateo 10:26). Dios es paciente, pero con el tiempo los orgullosos caen si no se arrepienten (ver Proverbios 16:18). Cuando los líderes cristianos comienzan a aparecer en los titulares de los periódicos por *causar* sufrimiento en vez de *aliviarlo*, se afecta la fe de muchos santos que creían que estaban sembrando su tiempo, su dinero y sus propias vidas en el ministerio correcto.

A pesar de la racha de titulares horrorosos, las iglesias afectadas por escándalos no son un fenómeno reciente en el Cuerpo de Cristo. El Nuevo Testamento ofrece ejemplos de congregaciones en las que la inmoralidad sexual era flagrante. Dos que vienen enseguida a la mente son la iglesia de Corinto y la de Tiatira. Ambas iglesias tenían muchos atributos, no obstante, ambas recibieron amonestaciones.

Es cierto que en la iglesia de Corinto abundaban los dones espirituales; ocurrían milagros auténticos. Sin embargo, Pablo amonestó a la iglesia por convertir a los hombres en ídolos: "Quiero decir, que cada uno de vosotros dice: Yo soy de Pablo; y yo de Apolos; y yo de Cefas; y yo de Cristo. ¿Acaso está dividido Cristo? ¿Fue crucificado Pablo por vosotros? ¿O fuisteis bautizados en el nombre de Pablo?" (1 Corintios 1:12–13).

También los amonestó por permitir la inmoralidad sexual en medio de ella:

> "De cierto se oye que hay entre vosotros fornicación, y tal fornicación cual ni aun se nombra entre los gentiles; tanto que alguno tiene la mujer de su padre. Y vosotros estáis envanecidos. ¿No debierais más bien haberos lamentado, para que fuese quitado de en medio de vosotros el que cometió tal acción?".
>
> 1 Corintios 5:1–2

La iglesia de Tiatira también estaba produciendo un impacto positivo en la comunidad que la rodeaba. De hecho, la iglesia de Tiatira tenía fama por sus buenas obras, amor, fe y paciencia. En estas iglesias vemos la manifestación tanto de los dones del Espíritu Santo como del fruto del Espíritu Santo incluso en un ambiente en el que Jezabel estaba seduciendo a los santos. Esto nos dice que las señales, las maravillas y los milagros no significan necesariamente que una iglesia sea saludable.

Mirándolo desde afuera, el ministerio de Tiatira causaba una buena impresión. En lo que se refiere a las obras de servicio, Jesús dijo que este cuerpo de creyentes estaba incrementando su alcance. Muchos en aquella iglesia amaban al Señor y estaban profundamente comprometidos con la difusión del Evangelio. A primera vista parece una iglesia a la que les encantaría asistir a las personas que cambian el mundo y que hacen historia. Suena como la manera en que debe ser la iglesia. Sin embargo, después de alabar a esta congregación, Jesús pronunció una de las amonestaciones más fuertes que se encuentran en el Nuevo Testamento. Escuchemos:

> "Yo conozco tus obras, y amor, y fe, y servicio, y tu paciencia, y que tus obras postreras son más que las primeras. Pero tengo unas pocas cosas contra ti: que toleras que esa mujer Jezabel, que se dice profetisa, enseñe y seduzca a mis siervos a fornicar y a comer cosas sacrificadas a los ídolos".
>
> Apocalipsis 2:19–20

Adúlteros carismáticos

Jesús apreciaba el alcance de esta iglesia local, pero el Humilde de corazón se levantó con justa indignación ante un liderazgo que permitía que una influyente falsa profetisa enseñara una doctrina que aprobaba la inmoralidad y la idolatría. En vez de confrontar a los creyentes que abusaban de la gracia de Dios al practicar estos estilos de vida y en vez de trabajar con el Espíritu Santo para guiarlos gentilmente de vuelta a la senda correcta, el liderazgo toleraba esta conducta. Toleraban las concesiones y esto abrió sus mentes a un engaño mortal. Los pastores de la iglesia de Tiatira en esencia permitían a miembros del Cuerpo que se convirtieran en esclavos del pecado por el que Jesús había muerto para liberarlos.

En realidad aquello era una farsa de la justicia ante los ojos de un Dios justo.

Enfoquémonos por un instante en el aspecto de inmoralidad sexual de esta iglesia. Aunque la iglesia de Tiatira era próspera en muchos sentidos, una muerte espiritual se estaba produciendo en el interior porque el liderazgo había cerrado los ojos al pecado. ¿Cómo sucedió esto? Tal vez fue porque los adúlteros de la iglesia tenían los dones más carismáticos para predicar y enseñar. Tal vez los homosexuales eran los que habían donado las mayores ofrendas para el nuevo proyecto del edificio. Tal vez los fornicarios eran los músicos más hábiles.

Tales declaraciones pueden sorprenderlo, pero he visto esas cosas suceder. A veces hay preocupación por una joven adoradora que está teniendo relaciones sexuales con un hombre casado (o con un no creyente o incluso con el pastor de jóvenes). Los líderes hacen caso omiso de los testimonios de dos, tres o más testigos y reprenden a aquellos que vienen a contarles porque esa cantante mueve multitudes.

Con demasiada frecuencia es solo cuando la joven está visiblemente embarazada que los fornicarios son expulsados de la plataforma pública. La iglesia del siglo XXI a menudo está dispuesta a pasar por alto el pecado porque los dones de una persona están produciendo un incremento en el ministerio. Y este cáncer espiritual llamado inmoralidad sexual está haciendo metástasis en muchas partes del cuerpo en la actualidad.

Pablo advirtió a la iglesia de Corinto y a la iglesia en general que no se uniera con las personas que cometían inmoralidad sexual (ver 1 Corintios 5:9). Nos exhortó a usar el cuerpo no para la inmoralidad sexual sino para el Señor (ver 1 Corintios 6:13). Nos advirtió que huyéramos de la inmoralidad sexual, que es un pecado contra el propio cuerpo de uno (ver 1 Corintios 6:18). Y Judas nos recuerda acerca de Sodoma y

Una amonestación real

Gomorra, cuyos habitantes se entregaron a la inmoralidad sexual y sufrirán el castigo del fuego eterno (ver Judas 7).

Abra los ojos y mire a su alrededor. Un espíritu de discernimiento descubrirá que la inmoralidad se tolera en las iglesias locales y también en los grandes ministerios. De la misma manera en que Pablo esperaba que los líderes de la iglesia de Corinto confrontaran la inmoralidad sexual existente en su medio, Jesús espera que los líderes en la iglesia actual hagan lo mismo. Mire lo que le sucedió a Elí cuando se negó a tratar la inmoralidad sexual que estaban cometiendo sus hijos (ver 1 Samuel 2:12; 3:11–13). Solo porque una iglesia esté floreciendo y creciendo no significa que sea saludable.

La astucia de la inmoralidad

Jesús dijo que Jezabel enseña a los siervos de Dios a cometer inmoralidad sexual. Nadie está inmune. Algunos que caen presa de la seducción de Jezabel son nuevos creyentes que en realidad ignoran la voluntad del Señor o que tienen profundas ataduras al pecado carnal. Son salvos por la gracia de Dios, pero tal vez no cambian inmediatamente sus prácticas pecaminosas. Estos nuevos creyentes necesitan la guía de pastores que puedan ofrecer consejos piadosos y amorosos y de maestros que puedan explicar lo que dice la Palabra de Dios en temas de conducta y ataduras sexuales. Algunos también pueden necesitar ministerios proféticos para romper las fortalezas demoniacas. Para tener creyentes maduros es vital un ministerio que cubra cinco áreas (ver Efesios 4:11–13).

Otros a los que Jezabel ataca con éxito es a los cristianos que están buscando formas de justificar su voluntad, a veces usando incluso la Palabra de Dios como apoyo. Usted puede encontrar a muchos de estos creyentes carnales escribiendo artículos en internet. Algunos insisten en que el sexo es aceptable a los ojos de Dios si una pareja está comprometida. A menudo se refieren a María y José. María era la novia (prometida) de José, quien consideró divorciarse de ella en privado cuando se enteró de que estaba embarazada (ver Mateo 1:19). Basándose en este ejemplo, razonan que un compromiso para casarse anula la decisión de Dios contra el sexo antes del matrimonio. ¡No es así! Mientras tanto, otros establecen límites muy amplios en cuando a la definición de inmoralidad sexual al sugerir que las caricias y el sexo oral fuera del lazo del matrimonio están dentro de los límites aceptables en la Palabra de Dios. Esta clase de información realmente conduce a los creyentes a una caída devastadora al seducirlos a que caminen sobre una cuerda floja muy estrecha que atraviesa el pozo de Jezabel. Seamos claros: la inmoralidad sexual es cualquier acto sexual fuera del pacto del matrimonio. Cualquier acto sexual.

Por último, Jezabel a veces ataca incluso a los cristianos más experimentados. A menudo lo hace al agarrarse de sus interpretaciones equivocadas sobre la gracia de Dios que apagan un saludable temor de Dios. ¡Gracias a Dios por su gracia! Es cierto que donde abunda el pecado, la gracia sobreabunda (ver Romanos 5:20). ¿Pero acaso esto nos da licencia para pecar? "¿Perseveraremos en el pecado para que la gracia abunde? En ninguna manera. Porque los que hemos muerto al pecado, ¿cómo viviremos aún en él?" (Romanos 6:1–2).

Me gusta la manera en que la Biblia *The Message* traduce esos versículos:

> ¿Entonces qué hacemos? ¿Continuamos pecando para que Dios continúe perdonando? ¡Espero que no! Si hemos salido del país donde reina el pecado, ¿cómo podemos vivir todavía en nuestra antigua casa allí? ¿O no se da cuenta de que hizo sus maletas y se fue para siempre? (Traducido del texto original en inglés).

Cuando el predicador cae

Este es el punto: Como todas las enseñanzas falsas, el engaño de Jezabel es sutil. Pocos cristianos comprados con sangre, creyentes de la Biblia, llenos del Espíritu, con el don de lenguas, se tragarían voluntariamente un sermón que aprobara la pornografía, la fornicación, la homosexualidad, el adulterio o cualquier otra clase de inmoralidad sexual.

No, el pueblo de Dios ama lo que Él ama y aborrece lo que Él aborrece, al menos en teoría (ver Salmo 97:10). De hecho, algunos que han caído imprudentemente en la inmoralidad sexual se encuentran entre aquellos que más vehementemente predicaban contra ella. En vez de hablar de escándalos que se han producido en años recientes en iglesias muy conocidas aquí, consideremos cómo el hombre más sabio que ha existido cayó en inmoralidad: el rey Salomón.

Antes de arrodillarse delante de la inmoralidad sexual, el rey Salomón predicó a través de su libro de Proverbios, inspirado por el Espíritu, acerca de un tipo de Jezabel. La describió como una mujer alborotadora que halaga con suaves palabras, que busca víctimas que no tengan sentido común y las seduce. (Lea: El sentido común lo ayudará grandemente a caer en la trampa sexual de Jezabel). Salomón estaba perfectamente consciente de los peligros de la inmoralidad sexual y la idolatría, como vemos en este pasaje:

> Lo rindió con la suavidad de sus muchas palabras, le obligó con la zalamería de sus labios. Al punto se marchó tras ella, como va el buey al degolladero, y como el necio a las prisiones para ser castigado; como el ave que se apresura a la red, y no sabe que es contra su vida, hasta que la saeta traspasa su corazón.
>
> Proverbios 7:21–23

¡Qué profético! La caída de Salomón en la inmoralidad y la idolatría ciertamente le costó su vida en Dios, pero esta "caída" no sucedió de la noche a la mañana. Nunca es así. Las personas tienen que tomar una serie de decisiones conscientes a lo largo del camino hacia la inmoralidad sexual, tergiversando la realidad del pecado y confiando en que la gracia de Dios estará allí cuando terminen de saciar sus deseos carnales. Repito, el engaño de Jezabel es sutil. Y este espíritu es paciente. Jezabel, si es necesario, sondeará el corazón de un creyente durante años en busca de algún área de debilidad, algún área que no esté totalmente sometida a Dios.

El rey David cayó en inmoralidad sexual con Betsabé, se arrepintió y continuó caminando en integridad durante el resto de su vida. Sigue siendo conocido como un hombre conforme al corazón de Dios (ver 1 Samuel 13:14). Por el contrario, Salomón multiplicó el error de su padre muchas veces al quebrantar repetidamente la ley de Dios. Practicó un estilo de vida pecaminoso, a pesar de ser bendecido como el hombre más sabio de la tierra. El hecho de que Salomón pudiera caer de tan grandes alturas ilustra el peligro de ignorar la sabiduría de Dios y debe poner en cada uno de nosotros el temor de Dios. Dios nos ha advertido acerca de Jezabel porque nos ama apasionadamente y no quiere vernos caer en esta trampa mortal. Observemos más de cerca el trágico caso de este poderoso rey.

Los pecados de Salomón multiplicados

Dios emitió la ley para los reyes en Deuteronomio 17:14–20. Ordenó a los reyes que no aumentaran sus caballos ni que hicieran volver al pueblo a Egipto con el fin de aumentar caballos, pero la Biblia dice que la cantidad y el comercio de caballos que Salomón tenía con Egipto era significativo (ver 1 Reyes 10:26, 28–29). Dios ordenó a los reyes que no multiplicaran el oro y la plata para ellos mismos, pero Salomón amontonó enormes cantidades de estos metales preciosos (ver 1 Reyes 10:14–23). Y, finalmente, Dios ordenó a los reyes que no tomaran varias esposas para sí mismos, no fuera a ser que su corazón se desviara de Dios, pero Salomón tuvo setecientas esposas y trescientas concubinas (ver 1 Reyes 11:1–3). Algunos describen las tentaciones de Salomón como la riqueza, las armas y las mujeres. Las mujeres fueron lo que finalmente lo condujo al caos. Y la parte más triste es que él estaba consciente de eso. El cautivador encanto de Jezabel lo hizo olvidar su sabiduría. Jezabel, que se conoce también como Astarté, engañó al hombre más sabio de la tierra. Recordemos el relato bíblico que narra el fin de Salomón:

> "Ahora bien, además de casarse con la hija del faraón, el rey Salomón tuvo amoríos con muchas mujeres moabitas, amonitas, edomitas, sidonias e hititas, todas ellas mujeres extranjeras, que procedían de naciones de las cuales el Señor había dicho a los israelitas: "No se unan a ellas, ni ellas a ustedes, porque de seguro les desviarán el corazón para que sigan a otros dioses". Con tales mujeres se unió Salomón y tuvo amoríos. Tuvo setecientas esposas que eran princesas, y trescientas concubinas; todas estas mujeres hicieron que se pervirtiera su corazón. En efecto, cuando Salomón llegó a viejo, sus mujeres le pervirtieron el corazón de modo que él siguió a otros dioses, y no siempre fue fiel al Señor su Dios como lo había sido su padre David. Por el contrario, Salomón siguió a Astarté, diosa de los sidonios, y a Moloc, el detestable dios de los amonitas. Así que Salomón hizo lo que ofende al Señor y no permaneció fiel a él como su padre David".
>
> 1 Reyes 11:1–6, NVI

A partir de ahí la historia sigue en espiral hacia abajo. Salomón desafió abiertamente a Dios al construir un santuario sagrado a Quemos, el dios abominable de Moab, y a Milcom, el dios abominable de los amonitas. También construyó santuarios para todas sus esposas extranjeras, quienes luego contaminaron el campo con el humo y con el hedor de sus sacrificios. Dios estaba furioso con Salomón, por supuesto, por dar la espalda a la relación que tenía con Él para dedicarse a la inmoralidad y la idolatría (ver 1 Reyes 11:9–10). Como hizo con Saúl, Dios informó a Salomón que quitaría el reino de sus manos y se lo daría a otros después de su muerte. A partir de aquel momento, Dios levantó adversarios contra Salomón y vivió en guerra.

Este perturbador relato a veces me hace reflexionar en lo que realmente está sucediendo dentro de los ministerios que viven en una constante guerra espiritual. Soy la primera en reconocer que los ministerios proféticos y apostólicos parecen entrar más frecuentemente en una guerra espiritual. Créame. Lo entiendo perfectamente. Pero a veces parece que la guerra espiritual nunca se termina. Sin embargo, algunos ministerios sostienen el estandarte de "¡Nos están atacando!" como una medalla de honor que prueba que son importantes, que constituyen una amenaza para el enemigo o que están más dedicados a la causa de Cristo que otros ministerios. Es una insinuación sutil pero está presente. Y es orgullo. Es idolatría.

He estado involucrada en esta clase de ministerios. En vez de examinarnos a nosotros mismos para ver si le estamos abriendo la puerta al enemigo, predicamos, oramos y profetizamos acerca de la guerra. Olvidamos que la adoración también es guerra y caemos en la zanja del desbalance con un enfoque hiperactivo en los demonios. Le doy gracias a Dios porque me liberó de esa forma de pensar. Recordemos que incluso David, un hombre de guerra, tuvo temporadas de descanso. La Biblia nos asegura que hay un tiempo para la guerra, pero que también hay un tiempo para la paz (ver Eclesiastés 3:8).

No estoy sugiriendo que todos los ministerios que enfrentan tremendas guerras espirituales se estén rindiendo al espíritu de Jezabel. Tampoco estoy sugiriendo que algunos ministerios tienen menos guerras espirituales que otros debido a su llamado. Ciertamente estamos en una guerra y la batalla es fiera. Pero sí creo que es imposible derrotar aquello a lo que usted se está sometiendo voluntariamente. Es decir, no puede derrotar al diablo si se está sometiendo a él. No puede derrotar a Jezabel si no está dispuesto a resistir las seducciones de Jezabel. La Biblia es clara con respecto a esto: "Someteos, pues, a Dios; resistid al diablo, y huirá de vosotros" (Santiago 4:7). Sí, los demonios regresarán para atormentarlo otra vez, pero usted obtendrá la victoria.

Dioses perversos y sedientos de sangre

Cuando Salomón de manera abierta y continua apartó su corazón de Dios, la guerra constante comenzó. En otras palabras, cuando Salomón volvió su corazón a los ídolos, abrió la puerta a la guerra. De hecho, los ídolos son demonios (ver 1 Corintios 10:18–22).

La Biblia dice que Salomón estaba siguiendo e incluso construyendo altares a estos otros dioses, a estos ídolos. ¿Quiénes eran esos otros dioses? Al comprender la naturaleza de estos demonios podemos entender mejor a Jezabel y a otras fuerzas espirituales en acción que conducen a la inmoralidad y la idolatría incluso a hombres y mujeres muy sabios y temerosos de Dios.

La Biblia dice que Salomón siguió a Astarot, la diosa de los sidonios, y a Moloc, el dios detestable de los amonitas. Un vistazo a estos demonios también nos ayuda a comprender cómo se conectan la idolatría y la inmoralidad sexual.

Astarot es la diosa principal de Canaán, conocida también como la esposa de Baal y la Reina del cielo. Astarot es la misma diosa que Israel adoró durante su tiempo de apostasía (ver Jueces 2:13; 1 Samuel 7:3–4; 2 Reyes 23:13). Astarot es la diosa del amor y de la guerra y la diosa principal a quien servía Jezabel. Como vimos antes, el padre de Jezabel, Et-baal, era el sumo sacerdote de la diosa Astarot.

Los sacerdotes de Astarot, que se conocen en la historia como Galis, eran los varones que practicaban la prostitución sagrada que se mencionan en 1 Reyes 14:24. Algunos historiadores creen que tenían eunucos vestidos de mujeres.

Las devotas femeninas eran prostitutas para los devotos masculinos cuyas orgías lujuriosas formaban la mayor parte de la adoración. Esta adoración se llevaba a cabo en santuarios, jardines y lugares altos. Salomón se casó con mujeres que servían a Astarot y construyó templos donde la adoración se reducía a la inmoralidad sexual. Este es el fruto inmoral e idólatra del espíritu de Jezabel. Usted puede ver la conexión homosexual en los eunucos que se vestían de mujeres. Puede ver el tráfico sexual de mujeres. Y puede ver el espíritu de lujuria en plena acción.

Salomón también honró a Moloc. En un acto que era una abominación al Señor, las personas sacrificaban sus hijos e hijas a Moloc como una expresión de devoción (ver Jeremías 32:35).

Algunos teólogos relacionan la práctica actual del aborto con el dios Moloc, sediento de sangre, al señalar que un embarazo no deseado que termina con la muerte del bebé es, posiblemente, un sacrificio a este demonio. Dicho de otra forma, aquellos que siguen a Astarot comparten con este demonio llamado Moloc para evitar las consecuencias del pecado sexual o para mantener ciertas ventajas. Son egoístas. Quieren gratificación sexual, pero no están dispuestos a concebir, dar a luz y criar un niño. De modo que abortan al niño y continúan la vida como siempre, a menudo para repetir el mismo pecado sexual y el mismo asesinato.

Después que se sacrifica la vida de un niño no nacido, otros demonios acosan e incluso oprimen a aquellos que han elegido el camino del aborto. Depresión. Abuso del alcohol. Conductas suicidas. Estos son algunos de los problemas mentales que los investigadores relacionan con el aborto. Un estudio titulado "El aborto y la salud mental: síntesis cuantitativa y análisis de investigación publicada desde 1995–2009", por Priscilla Coleman, Ph. D., revela que el 81 por ciento de las mujeres que tuvieron un aborto presentaban un aumento del riesgo de padecer problemas de salud mental.

Observe los datos del año 2007. El Centro para el Control de Enfermedades en los Estados Unidos reporta que en ese país se produjeron 827,609 abortos legales e inducidos y el 84 por ciento de ellos se realizaron a mujeres solteras. El Instituto Guttmacher reporta que el 47 por ciento de las mujeres que tienen abortos tuvieron al menos uno anterior. La incidencia del aborto entre las mujeres que se consideran cristianas es alarmante. El treinta y siete por ciento de las mujeres que tienen abortos se identifican como protestantes y el veintiocho como católicas, según el estudio de Guttmacher . Estas mujeres dicen servir a Dios pero la mayoría están engañadas y siguen a Astarot y a Moloc en su decisión.

Abuso de la intimidad sexual

Así como en el caso de Salomón, los creyentes en la actualidad caen presa de la idolatría y la inmoralidad sexual de Jezabel por comprometer la Palabra de Dios. Reciben la enseñanza de Jezabel que los conduce a estos graves pecados. Usted puede verlo claramente en la iglesia. Hay muchos maestros y predicadores listos para armarnos con los pasajes de las Escrituras que tergiversan para permitir el pecado.

Creo que los predicadores toman esta ruta por una de dos razones: o están engañados o están tratando de levantar una congregación que esté dispuesta a sacrificar dinero a cambio de un mensaje que excuse su pecado. Cualquiera que sea la razón, el engaño está presente porque el último grupo de alguna manera se ha convencido a sí mismo de que enseñar a los cristianos a ser exitosos y felices es más importante que equiparlos para que crezcan en Cristo y ejerzan un cambio positivo en el mundo que los rodea.

No debemos sorprendernos. Pablo advirtió a Timoteo: "Porque

llegará el tiempo en que no van a tolerar la sana doctrina, sino que, llevados de sus propios deseos, se rodearán de maestros que les digan las novelerías que quieren oír. Dejarán de escuchar la verdad y se volverán a los mitos" (2 Timoteo 4:3–4, NVI). Analicemos otra vez los mitos que dicen que está bien tener relaciones sexuales antes del matrimonio. La raíz de esta enseñanza es un estímulo a abusar de la intimidad sexual. Repito, es un sutil engaño de Jezabel. Para desenmascararlo tenemos que regresar al propósito de Dios para el sexo y también comprender que muchas personas, incluso cristianos, están buscando intimidad en todos los lugares equivocados y de muchas formas incorrectas. Recuerde: cada vez que usamos algo para la que no fue diseñado, estamos abusando de ello. El resultado más probable es el peligro. (Piense en la mujer que rompe un tacón de zapato por usarlo para martillar un clavo en la pared).

Uno puede abusar de muchas cosas buenas y piadosas. El sexo es parte del diseño de Dios, pero está diseñado para las parejas casadas.

¿Cuál es el propósito de Dios para el sexo? La procreación (ver Génesis 1:26–30) y convertirse en una sola carne (ver Génesis 2:18–25). En pocas palabras, Dios diseñó el sexo como una expresión íntima de amor entre el esposo y la esposa, una expresión que los lleva a ser uno. No se equivoque, Dios reserva la intimidad sexual para el matrimonio. C. S. Lewis lo dice de la siguiente forma en su clásico *Mero cristianismo*:

> La idea cristiana del matrimonio se basa en las palabras de Cristo cuando dice que un esposo y una esposa deben considerarse como un solo organismo…El macho y la hembra…fueron diseñados para combinar juntos en pareja, no solo a nivel sexual, sino a todos los niveles. La monstruosidad de las relaciones sexuales fuera del matrimonio es que aquellos que caen en esto están tratando de aislar una sola clase de unión (la sexual) de todas las otras clases de uniones

que debían ir junto con ella para conformar la unión total. La actitud cristiana no implica que haya nada malo en el placer sexual, como no hay nada malo en el placer de comer. Significa que usted no puede aislar ese placer y tratar de obtenerlo por sí solo, como no puede tratar de experimentar el placer del gusto sin tragar y digerir, si mastica la comida y la bota después.

Como dije antes, son abundantes las enseñanzas cristianas que sugieren que el sexo antes del matrimonio entre dos personas que lo desean no es pecado. La razón que dan es que la intimidad sexual es una expresión de amor. Argumentan que estas dos personas no están violando, de hecho, están cumpliendo, el mandamiento que dio Jesús acerca de "amarnos unos a otros" (Juan 13:34). Otra enseñanza sugiere que la masturbación es aceptable entre los cristianos solteros porque ayuda a satisfacer apetitos sexuales sin fornicar. Otros asumen la postura de que todo lo que no proviene de fe es pecado, de modo que los encuentros sexuales hasta el punto de la fornicación son un problema de conciencia.

No estoy aquí para decirle lo que debe y no debe hacer en áreas que no están totalmente claras en la Biblia. El punto es que el espíritu de Jezabel tomará la mano entera si le da un dedo. Una vez que usted comience en el camino de despertar sus inclinaciones sexuales, ya sea solo o con otra personas (incluso con alguien que ama y con quien planea casarse) puede estar dando la bienvenida a espíritus de lujuria o de adicción que lo conducen a una senda más oscura, llena de piedras de tropiezo.

Se han escrito muchos libros acerca de este tema, de modo que solo voy a reiterar la idea principal: Dios desea que permanezcamos sexualmente puros hasta el matrimonio. La inmoralidad es abusar de un don de Dios al pervertir su propósito. El propósito ordenado por Dios de la intimidad sexual es hacer que el esposo y la esposa se conviertan en una sola carne (ver Génesis 2:24). La unión sexual es el medio mediante el cual ambos se convierten en uno solo.

Jezabel conduce a la *porneia*

Jezabel no tiene que hacer que usted cometa fornicación o adulterio para conducirlo al camino de la destrucción. En realidad no todas las relaciones inmorales involucran a otra persona, al menos no directamente. La inmoralidad se está colando en muchos hogares en todo el mundo a través de la pornografía, o porno. Vale la pena destacar que la palabra *fornicación* proviene de la palabra griega *porneia*, que significa "relación sexual ilícita". También es una metáfora para la adoración de ídolos. Repito, la inmoralidad sexual y la idolatría están muy relacionadas.

Observe algunas estadísticas escalofriantes que demuestran cómo el espíritu de Jezabel se ha colado en nuestra cultura a través de la pornografía. Estos datos se obtuvieron de pure-HOPE (www.purehope.net), una organización que ofrece soluciones cristianas en una cultura movida por el sexo. En los Estados Unidos la pornografía por internet aporta casi tres mil millones cada año. La industria de la pornografía por internet en el mundo entero equivale a cinco mil millones. La cifra de la industria de los "adultos", que incluye la pornografía por internet, la venta y alquiler de videos, la televisión por cable, el sexo telefónico, los clubs de danza exótica, las revistas y novelas pornográficas, alcanza los trece mil millones de dólares al año. Un alarmante número de cristianos está sembrando el dinero que Dios les dio en esta sórdida industria.

Si existiera un lugar donde protegerse de esta infección mortal de la pornografía y las desviaciones sexuales, uno asumiría que la iglesia cristiana sería ese santuario. Ese fue el razonamiento cuando ChristiaNet (www.christianet.com) comenzó un estudio en 2007. Los resultados fueron impactantes:

miembros de iglesias, diáconos, trabajadores e incluso pastores están buscando gratificación sexual en maneras que no son agradables a Dios. (Ver http://www.christianpost.com/news/porn -addiction-flooding-culture-church-27799/ para más información). La encuesta arrojó que el 50 por ciento de todos los hombres cristianos y el 20 por ciento de todas las mujeres cristianas en los Estados Unidos son adictos a la pornografía. Sí, adictos. No la vieron solo una vez sino la que usan con frecuencia. Adictos. Lo que es más, el 60 por ciento de las mujeres que contestaron la encuesta admitió que enfrentaba luchas significativas con la lujuria y el 40 por ciento admitió haber estado involucrada en un pecado sexual durante el año anterior. En una encuesta reciente de pastors .com, el 54 por ciento de los pastores encuestados dijeron que habían visto pornografía el año anterior. Considere esto: Aunque la iglesia lucha contra la industria del sexo, parte de la iglesia la está apoyando a través de la pornografía. La lucha contra esta maldad es, entonces, tristemente irónica.

La prevalencia de la pornografía también conduce a la tentación de caer en adulterio. Una investigación realizada por el sociólogo Jill Manning indica que el consumo de la pornografía se asocia con muchos patrones de perturbación, incluyendo el incremento en la insatisfacción matrimonial, el riesgo de la separación y el divorcio, la infidelidad y un número cada vez mayor de personas que luchan con una conducta sexual compulsiva y adictiva. (Ver http://www.heritage.org/research/testimony/pornographys -impact-on-marriage-amp-the-family).

La American Academy of Matrimonial Lawyers (Academia Americana de Abogados Matrimoniales, www.aaml.org) reporta que el 68 por ciento de los divorcios tiene que ver con que uno de los miembros de la pareja encontró un nuevo amante en internet y el 56 por ciento tiene que ver con que uno de los miembros de la pareja tiene un "interés obsesivo en los sitios pornográficos de la red".

Aunque una encuesta de 2009 llevada a cabo por Morality in

Media (www.moralityinmedia.org) reporta que el 76 por ciento de los adultos en los Estados Unidos coincide en que ver pornografía dura de adultos en el internet no es moralmente aceptable, está claro que los límites de la moralidad están dando paso a la inmoralidad sexual. Ya que Jesús dijo que todo hombre que mire a una mujer para desearla ya ha cometido adulterio en su corazón (ver Mateo 5:27–28), podemos llegar a la conclusión de que los cristianos que ven pornografía están cruzando la línea de la inmoralidad sexual. Los cristianos están sirviendo al ídolo de la pornografía. Y el espíritu de Jezabel los está motivando. Recuerde, Jesús dijo que Jezabel enseña y seduce a sus siervos a cometer inmoralidad sexual y a comer cosas sacrificadas a los ídolos. No se engañe. Jezabel es un principado que está trabajando detrás de las cámaras para promover la porneia.

¿Por qué toleramos a Jezabel?

Jezabel es sutil. Solo porque un hombre no esté mirando pornografía no significa que sea inmune a caer en el resbaladero de Jezabel. Solo porque una mujer no está teniendo sexo fuera del matrimonio no significa que no esté tolerando al espíritu de Jezabel. De hecho, muchos pastores y creyentes que de otra manera llevarían vidas santas y que están teniendo un impacto positivo en sus comunidades están tolerando a Jezabel. Recuerde las iglesias en Corinto y Tiatira.

Siempre que nos sentamos y miramos el pecado en acción sin hablar la verdad en amor estamos tolerando (y tal vez incluso aprobando con nuestro silencio) los movimientos de Jezabel en medio nuestro. Entonces ¿por qué toleramos a Jezabel? Más allá de una falta de entendimiento acerca de quién es Jezabel, en realidad parte del problema es el "síndrome del cristianismo de Hollywood" que se deja llevar por el bombo publicitario sin mirar el carácter. Pero también hay

Una amonestación real

una falta de discernimiento en el Cuerpo de Cristo que tiene su raíz en los creyentes que confían en otros para que les digan lo que la Biblia dice en vez de desarrollar una relación íntima con Cristo ellos mismos.

Jezabel está seduciendo tanto a creyentes como a no creyentes con una falsa doctrina y una falsa unción. Pero esto no tiene por qué ser así. Jesús nos ha dado a cada uno de nosotros la responsabilidad individual de ser estudiantes de la Palabra y de evitar el engaño. El Nuevo Testamento está lleno de advertencias acerca de que no nos dejemos engañar. Esto significa que no podemos culpar a nuestro pastor o a nuestro mejor amigo o a nuestro televisor o a nuestra computadora si caemos en la trampa de Jezabel. Hasta que no comprendamos el potencial para el engaño que cada uno de nosotros enfrenta en un mundo saturado con inmoralidad e idolatría, corremos un gran riesgo de estar en el lado equivocado de la iglesia de los últimos tiempos.

3

Las profundidades de Satanás

Existe una especie de anomalía en la vida de la iglesia actual. Por una parte, muchas iglesias, y en particular iglesias norteamericanas, han sido acusadas de presentar un cristianismo superficial. Algunos de los sermones que se difunden a través de los medios de comunicación masiva suenan más como seminarios motivacionales que como los mensajes de toma tu cruz y sígueme que enseñaban los apóstoles en los primeros días de la iglesia. Algunos pastores cierran los ojos al pecado por tal de que la iglesia crezca mientras que otros se involucran en abominaciones detrás de las cámaras.

Por otra parte, vastas multitudes de creyentes agotados, hambrientos y enardecidos están buscando las cosas profundas de Dios. En un movimiento que está creciendo en todo el mundo, la iglesia es un lugar donde usted puede enraizarse y afirmarse en amor, para ser capaz de comprender la anchura, longitud, profundidad y altura del amor de Cristo, que sobrepasa todo entendimiento, para poder ser lleno de toda la plenitud de Dios (ver

Efesios 3:17–19). Es un lugar de intimidad con el Padre, el Hijo y el Espíritu Santo que marca a los creyentes que buscan primero el reino de Dios con celo por la causa de Cristo. Es un soplo de aire fresco del Espíritu Santo.

Los creyentes hambrientos están buscando desesperadamente las cosas profundas de Dios, la sabiduría oculta que Dios predestinó antes de los siglos para nuestra gloria (ver 1 Corintios 2:7). La Biblia nos promete una y otra vez que nuestro amoroso Dios nos está esperando y dándonos la bienvenida a una relación más profunda e íntima con Él. Cuando buscamos a Dios de todo corazón, lo hallaremos (ver Jeremías 29:13). La Biblia nos asegura que cuando nos acerquemos a Dios, Él se acercará a nosotros (ver Santiago 4:8). Sabemos que el Espíritu Santo escudriña todas las cosas, sí, incluso las cosas profundas de Dios (ver 1 Corintios 2:10).

No obstante, por difícil que pueda ser de creer, el peligro que casi siempre amenaza a las iglesias "superficiales" también está presente en las ardientes y resplandecientes que aman a Dios con toda su mente, con todo su corazón, con toda su alma y con toda su fuerza. Ese peligro se llama Jezabel.

El polvo de Dios y las piedras preciosas

El engaño de Jezabel está incrementándose en las iglesias occidentales. Tal vez usted está consciente de la controversia alrededor de temas como la aparición repentina de polvo de oro y pequeñas piedras preciosas durante servicios de adoración, así como los encuentros con ángeles femeninos que los místicos de la Nueva Era han tenido.

El engaño también puede penetrar cuando los creyentes inmaduros buscan atención al dar impresiones falsas de manifestaciones del Espíritu Santo, como gritar incontroladamente en medio de la adoración, retorcerse en el suelo como una serpiente, pretender fumar cigarros de marihuana invisibles para drogarse en Jesús y maullar como gatos durante los sermones.

Toda conducta incontrolada y perturbadora que no recibe corrección puede conducir a una cultura de manifestaciones que preparan el escenario para el engaño de Jezabel. Por favor entienda que no estoy hablando de experiencias genuinas como caerse en el Espíritu o temblar en su presencia. Estoy hablando acerca de manifestaciones demoniacas que las personas adjudican al Espíritu Santo en el nombre de Jesús.

Es cierto que nuestro Dios es un Dios sobrenatural. Nos ama y quiere que veamos su rostro. También es cierto que cuando su presencia se manifiesta pueden suceder cosas sobrenaturales y, de hecho, ocurre a menudo. A Dios le encanta sanar y liberar. Pero al mismo tiempo, hay espíritus malvados que están a la espera para engañar al creyente sincero que fervorosamente ha comenzado a buscar encuentros en el reino espiritual en vez de buscar al Dios del reino espiritual. El deseo de encuentros sobrenaturales puede conducirnos directo al centro de las profundidades de Satanás, el lugar donde habita el espíritu de Jezabel.

Las artimañas y los mecanismos satánicos

Superficialmente parece irónico que Jezabel habitara en la iglesia de Tiatira, una iglesia que abundaba en buenas obras. Como vimos antes, el Hijo de Dios se refirió específicamente al amor, servicio, fe y paciencia presentes en esta comunidad de creyentes (ver Apocalipsis 2:19). Esta iglesia local era ferviente en la causa de Cristo. Es probable que pueda describirse a muchos o tal vez la mayoría de sus miembros como líderes siervos amorosos que ponían en práctica la fe y ganaban almas para Jesús.

Que esa sea una advertencia para nosotros con respecto a mirar solamente el fruto superficial. Solo porque una iglesia esté creciendo o tiene un estatus de mega iglesia, no significa que el pecado no abunde allí o que Jezabel no esté seduciendo a los santos.

Demasiados creyentes bajan la guardia debido a impresionantes presentaciones religiosas. Muchos de nosotros hemos estado en iglesias donde la parte de afuera de la copa está limpia pero dentro está llena de extorsión y excesos (ver Mateo 23:25). La congregación no puede ver otra cosa aparte del brillante y resplandeciente servicio y, por eso, continúa alimentando el sistema que Jezabel corrompió hace mucho tiempo. El asunto es, por supuesto, que no pueden engañar a Jesús.

Jesús tenía motivos para regocijarse con la iglesia de Tiatira y de hecho alabó a la congregación. Sin embargo, se sentía muy dolido porque algunas de las mismas almas que habían sido rescatadas del reino de la oscuridad y traídas a su Reino de luz experimentaban una libertad tan corta. Advirtió que algunas de esas almas habían sido y serían conducidas a las profundidades de Satanás por "esa mujer Jezabel, que se dice profetisa, que enseña y seduce a mis siervos a fornicar y a comer cosas sacrificadas a los ídolos" (Apocalipsis 2:20). Por cierto, yo supongo que la mujer llevaba ese nombre como parte de su fanfarronería.

No fue solo la influencia de una mujer controladora y dominante en la iglesia de Tiatira lo que perturbó tanto a Jesús. No era la enseñanza de un creyente sincero que había malinterpretado las Escrituras lo que le preocupaba a Jesús. No, Jesús describió la doctrina que estaba siendo promovida como "las profundidades de Satanás" (Apocalipsis 2:24). Eso es serio. ¿Qué son las profundidades de Satanás? El *Comentario* de Matthew Henry se refiere a las profundidades de Satanás como las "artimañas y los mecanismos satánicos, los misterios diabólicos".

En esencia, las profundidades de Satanás son doctrinas que llevan a la gente a creer que solo ellos tienen un gran conocimiento de la religión, incluso cuando lo que dicen se opone a las Escrituras. Jezabel estaba enseñando a sus compañeros miembros de la iglesia en Tiatira a cometer inmoralidad sexual y a comer cosas sacrificadas a los ídolos. Con esta enseñanza se oponía directamente a la sabiduría de los padres apostólicos y estaba teniendo éxito.

En aquellos primeros días de la iglesia creciente se había desarrollado un conflicto acerca de si los gentiles debían o no circuncidarse según la costumbre de Moisés para ser salvos. Los apóstoles y los ancianos se reunieron para tratar este asunto en el Concilio de Jerusalén que se describe en Hechos 15. Hubo un gran debate pero al final el Concilio estuvo de acuerdo con Santiago con respecto a que "no se inquiete a los gentiles que se convierten a Dios, sino que se les escriba que se aparten de las contaminaciones de los ídolos, de fornicación, de ahogado y de sangre" (Hechos 15:19–20).

Al promover la idolatría y la inmoralidad sexual, Jezabel estaba enseñando lo opuesto a lo que enseña la sabiduría inspirada por el Espíritu Santo. Al hacerlo, estaba guiando a los creyentes de Tiatira fuera de la voluntad de Dios y a las profundidades de Satanás, que vino a robar, matar y destruir.

El espíritu de Jezabel será castigado por conducir a los creyentes a las profundidades de Satanás, pero eso no quita la responsabilidad de los creyentes. Debido al gran amor de Jesús, aquellos que permiten que las falsas doctrinas los desvíen de la senda estrecha también tendrán sufrimientos si no se arrepienten (ver Apocalipsis 2:22) y aquellos que enseñan a otros lo que Jezabel les ha enseñado a ellos, morirán (ver Apocalipsis 2:23). Esta es una verdad aleccionadora. Pero estos pronunciamientos provienen del amor de Dios en un esfuerzo para despertar a los que han caído en la trampa de este poderoso espíritu, de modo que puedan escapar.

Doctrinas de demonios

Aunque podemos entender que según las Escrituras muchos que abandona la fe en los últimos tiempos se convertirán en propagadores de "doctrinas de demonios" (ver 1 Timoteo 4:1), aprendemos de estas palabras de Jesús en Apocalipsis que las falsas doctrinas también circulan libremente en el Cuerpo de Cristo. Recuerde, "los malos hombres y los engañadores irán de mal en peor, engañando y siendo engañados" (2 Timoteo 3:13).

Las doctrinas de demonios se oponen a los principios bíblicos. Un ejemplo muy popular de los años recientes lo encontramos en los bien conocidos predicadores que proclaman que no hay infierno. Jesús confirma los conceptos de infierno, fuego eterno, extrema oscuridad y castigo eterno en más de 45 versículos del Nuevo Testamento. Otro ejemplo, la Biblia habla de una enseñanza errada que prohíbe el matrimonio, una doctrina de demonios que abre la puerta a la perversión y al abuso sexual (ver 1 Timoteo 4:3). La adoración a los ángeles es una doctrina de demonios. El legalismo también es una doctrina de demonios y la fuerza que motiva el espíritu religioso homicida.

Creo que muchas doctrinas falsas en la iglesia cristiana nacen de la falta de un equilibrio entre comprender el amor de Dios y tener un temor de Dios reverente y saludable. Esa falta de equilibrio abre la puerta a espíritus seductores como Jezabel. Algunos creyentes reciben esa enseñanza desbalanceada que a menudo tergiversa el verdadero significado del arrepentimiento como una licencia para regresar al regazo de Papá una y otra vez para que los consuele cuando han terminado de pecar.

La doctrina de demonios de Jezabel pervierte la gracia de Dios y, al hacerlo, en última instancia seduce a los creyentes a un estilo de vida de inmoralidad y adoración de ídolos. Estos individuos buscan el perdón de Dios pero no muestran ninguna señal de arrepentimiento verdadero. Sí, el Padre nos ama incondicionalmente, pero eso no nos da una licencia para practicar el pecado. Las enseñanzas falsas de Jezabel convencen a los creyentes de que están bien delante de Dios debido a su gracia, a pesar de que continúan practicando el mismo pecado sin ningún pesar piadoso o ningún deseo de cambiar.

Dios es paciente y nos perdonará. Pero tenemos que confesar nuestros pecados para recibir el perdón y la limpieza de nuestro Dios justo, fiel y amoroso (ver 1 Juan 1:9). Tenemos que abandonar nuestros caminos malvados, confiando que la gracia de Dios nos ayudará mientras batallamos contra el pecado. Tenemos que arrepentirnos verdaderamente.

Pervertir la gracia de Dios

No es posible tener intimidad con Cristo y con el pecado al mismo tiempo. Pablo lo dice así: "¿Perseveraremos en el pecado para que la gracia abunde? En ninguna manera. Porque los que hemos muerto al pecado, ¿cómo viviremos aún en él?" (Romanos 6:1-2).

La sana doctrina les enseña a los creyentes quiénes son en Cristo, que ya no son esclavos del pecado, sino santos que pueden resistir al maligno al cooperar con la gracia de Dios. La Biblia deja claro que los falsos maestros abundarán en los últimos días y que

> "Porque vendrá un tiempo cuando no sufrirán la sana doctrina, sino que teniendo comezón de oír, se amontonarán maestros conforme a sus propias concupiscencias, y apartarán de la verdad el oído y se volverán a las fábulas".
>
> 2 Timoteo 4:3-4

La falsa enseñanza de Jezabel acerca de la gracia de Dios es una doctrina de demonios, las profundidades de Satanás. Pedro advirtió que los falsos profetas, y podemos incluir también a las falsas profetisas, se levantarán junto con los falsos maestros, que introducen secretamente herejías destructoras, "y aun negarán al Señor que los rescató" (2 Pedro 2:1). Pablo alertó acerca de aquellos que distorsionan el evangelio de Cristo (ver Gálatas 1:7).

Por favor, no me malinterprete. Dios está lleno de gracia y misericordia. Sabemos que la gracia de Dios que lleva a la salvación es para todos los hombres. Pero Pablo le enseñó a su hijo espiritual Tito que "renunciando a la impiedad y a los deseos mundanos, vivamos en este siglo sobria, justa y piadosamente" (Tito 2:11-13).

La gracia de Dios nos da el poder para vivir conforme a su Palabra. Las doctrinas de demonios, sin embargo, tranquilizan los oídos adoloridos que escuchan la exhortación a pecar sin perder la intimidad con el Padre, el Hijo y el Espíritu Santo. Como afirma Judas, "algunos hombres han entrado encubiertamente, los que desde antes habían sido destinados para esta condenación, hombres impíos, que convierten en libertinaje la gracia de nuestro Dios, y niegan a Dios el único soberano, y a nuestro Señor Jesucristo" (Judas 4). Una vez más, uno de esos maestros es Jezabel.

Las distorsiones que Jezabel hace del evangelio

Durante trece meses viví en un pequeño pueblo en el sur de los Estados Unidos, un tiempo en el desierto con Dios cuando él me estaba separando de las influencias negativas y preparándome para caminar en su llamado. Mientras buscaba una iglesia madre, tuve la oportunidad de explorar diferentes denominaciones. Las diferencias doctrinales me dejaron boquiabierta. Algunas iglesias, por ejemplo, no aprobaban la música en vivo. Otras no permitían que las mujeres predicaran.

Pero fueron los extremos en la enseñanza de la gracia de Dios los que realmente me impactaron. Dichos extremos iban de una santidad absoluta que no daba chance a segundas oportunidades hasta una total ceguera en cuanto al pecado siempre y cuando se continuara manteniendo una apariencia cristiana.

Las profundidades de Satanás

Nunca olvidaré cuando conversé en el portal de mi casa en Alabama con algunos vecinos una noche. Uno de los jóvenes, Mike, se había casado recientemente. Su suegro era pastor de una iglesia, afiliada a una denominación, a la que me estaba invitando. Lo escuché, pero lo que oí me convenció de que necesitaba correr en el sentido contrario, y rápido. La perversión de la gracia de Dios que había hecho Mike era muy perturbadora.

Mike hablaba abiertamente sobre su hábito de consumir alcohol y su tendencia a tener sexo con otras mujeres cuando estaba borracho. Enseguida me aseguró que "estaba bajo la sangre" a pesar de que no mostraba ninguna señal de arrepentimiento verdadero. No puedo juzgar su corazón, pero la confesión de su boca me dijo que no se había arrepentido de caer en pecado. Estaba practicando el pecado y se aseguraba a sí mismo de que cualquier cosa que hiciera sería limpiada por su condición de estar "bajo la sangre". Yo tenía la seguridad de que su suegro el pastor y su esposa recién casada no tenían idea de que en verdad era un borracho mentiroso que aliviaba su conciencia con el sonido engañador de las falsas doctrinas.

Enseñar que Papá Dios perdona el pecado antes de que nos arrepintamos es distorsionar el evangelio de Cristo.

"Si confesamos nuestros pecados, Él es fiel y justo para perdonar nuestros pecados, y limpiarnos de toda maldad".

1 Juan 1:9

Las palabras clave de este pasaje son *confesamos nuestros pecados*. Dios nos lo perdonará todo, sin importar cuán horrible sea, si admitimos que hemos pecado, confesamos nuestros pecados y pedimos perdón. Si no admitimos que hemos pecado y confesamos nuestros pecados, solo nos estamos engañando a nosotros mismos y nuestra comunión íntima con el Padre permanece quebrantada.

Dios, en su bondad y misericordia, tiene paciencia con los creyentes que hacen concesiones. Jesús incluso le dio a "esa mujer

Jezabel" espacio para arrepentirse (ver Apocalipsis 2:21). Pero Dios no perdona a aquellos que se niegan a arrepentirse, incluso si están en el ministerio a tiempo completo, profetizando, echando fuera demonios y haciendo señales y maravillas en el nombre de Jesús (ver Mateo 7:22).

Acercarnos confiadamente a su trono para alcanzar misericordia y hallar gracia para el oportuno socorro implica entrar a compartir una posición de autoridad con el temor del Señor (ver Hebreos 4:14–16). Queremos negociar aquello que merecemos (el juicio por nuestros pecados) por lo que no merecemos (la gracia para purificar nuestros corazones y fortalecernos para no continuar practicando el pecado). Después de todo, la gracia de Jesús es suficiente para nosotros y su poder se perfecciona en la debilidad (ver 2 Corintios 12:9). Pero tenemos que arrepentirnos. Tenemos que estar dispuestos a declararle la guerra a ese pecado y continuar luchando contra él hasta que obtengamos la victoria.

Sí, es cierto que donde abunda el pecado, la gracia sobreabunda (ver Romanos 5:20). Es cierto que no estamos bajo la ley sino bajo la gracia. Pero eso no significa que debemos convertirnos en esclavos del pecado, el cual conduce a la muerte (ver Romanos 6:15–16). Cuando pecamos, Dios no quiere castigarnos o echarnos a la condenación durante un mes. Quiere que nos volvamos a Él con todo nuestro corazón, con ayuno, lloro y lamento por nuestra rebelión (ver Joel 2:12).

El evangelio de Jezabel obvia el arrepentimiento genuino y apaga el Espíritu de la gracia al adoptar una posición de orgullo que siempre viene antes de la caída pública. Dios resiste a los soberbios (ver Santiago 4:6).

Los intocables de Jezabel

En algunas iglesias existen jerarquías entre los miembros basadas en parentescos, aportes financieros, talento o el hecho de que han estado en la iglesia desde el día en que se abrió. Ordenar ministros y escoger a líderes de departamentos basándose en otra cosa que no sea la sabiduría profética es como poner una alfombra de bienvenida al enemigo. Una y otra vez vemos en las Escrituras al Espíritu Santo separando personas para el ministerio (ver Hechos 13:2) y hay pautas precisas para la designación de diáconos (ver 1 Timoteo 3:12). El punto es este: Todas las promociones deben venir de Dios, no de los hombres.

Algunos pastores designan a sus hijos e hijas como líderes de jóvenes a pesar de la ausencia notable de un llamado evidente. Algunos apóstoles designan profetas basado solamente en décadas de lealtad al ministerio, a pesar de que en su carácter hay muy pocas señales del carácter de Cristo. Aunque puede que los líderes espirituales sientan una presión legítima para incluir en el personal a personas en las que confían, llenar los puestos de acuerdo al parentesco, los aportes financieros, el talento o la lealtad es una muestra de nepotismo (favor especial que se basa en lazos familiares) y de favoritismo (designar a amigos de mucho tiempo para que ocupen determinados puestos, basándose en la relación y no en el llamado).

Ciertamente, no todas las iglesias y los ministerios "dirigidos por una familia", lo que quiere decir que la familia y los amigos cercanos del pastor tienen las posiciones de responsabilidad, están en un error. Dicho posicionamiento puede ser simplemente una forma adecuada para llenar los roles en una congregación nueva o en crecimiento. Pero hay muchos casos de iglesias y ministerios en los que el nepotismo y el favoritismo son los medios para mantener el control estrictamente en manos del pastor principal y de sus escogidos. Estos individuos actúan esencialmente como eunucos de Jezabel.

La Biblia se opone al favoritismo (ver Santiago 2:1). Aunque el nepotismo y el favoritismo pueden ocurrir de manera inocente, no obstante pueden preparar el escenario para lo que yo llamo "los intocables de Jezabel". Se forma un círculo interno que sostiene firmemente las riendas de todo lo que sucede dentro de las cuatro paredes de la iglesia, y a veces más allá, imponiendo su autoridad sobre el rebaño. Donde están presentes el nepotismo y el favoritismo, el círculo interno a menudo debe mostrar una lealtad incondicional al pastor principal, incluso bajo el riesgo de ser desleal a los propósitos de Dios y abusar del rebaño. Este círculo interno de intocables puede incluso verbalizar pactos de lealtad al grupo. A cualquiera que rompa el pacto, hombre o mujer, lo persiguen y lo etiquetan (irónicamente) con el espíritu de rebelión y orgullo de Jezabel.

A estos intocables se les advierte que no deben abandonar el círculo interno. A veces los maldicen con la seguridad de que van a perder su unción y su destino si se liberan. Estas son señales de una iglesia en la que Jezabel ha asumido el liderazgo.

Así es como se manifiesta esto en las operaciones diarias de la iglesia local. Digamos que un padre está preocupado por algo inapropiado que sucedió con un niño en la guardería. El pastor no investiga el problema. De hecho, desestima la queja porque su hija es la directora del departamento y más niños continúan sufriendo. O digamos que un miembro del presbiterio está coqueteando indebidamente con una de las voluntarias de la iglesia y ella lo confronta. Ese presbítero cataloga a la mujer como una busca problemas, incluso como una Jezabel y la hacen sentir tan inoportuna e incómoda que con el tiempo se marcha. Si una mujer con una personalidad fuerte tiene ideas acerca de cómo mejorar el momento en que los niños regresan al templo luego de haber recibido sus clases de la escuela dominical y habla con el pastor a ese respecto, el administrador se siente amenazado y la cataloga como una Jezabel. Al personal se le advierte que esta Jezabel está buscando una forma de acercarse al pastor. La hacen a un lado y no toman en cuenta sus valiosos comentarios.

A veces pareciera que las personas que operan en el espíritu de Jezabel están siempre a la delantera, "discerniendo" falsamente y acusando injustamente a otros de tener ese espíritu, sin entender las acusaciones que están haciendo.

La muerte de un intocable

En ocasiones a estos intocables los celebran públicamente, pero puede que en privado los rechacen o abusen de ellos. En otras palabras, estos eunucos no están satisfaciendo sus necesidades espirituales. Están demasiado ocupados sirviendo a la visión del pastor como para obtener la ayuda que necesitan para ellos y su familia. En vez de esto, se les anima a permanecer ocupados en la iglesia para evitar las tentaciones del maligno.

Este fue el caso de un joven que servía como trabajador de mantenimiento en una iglesia. "Rick" estaba luchando con su adicción a la cocaína. Había tenido esta adicción durante años y todos en la iglesia lo sabían, incluyendo el cuerpo pastoral. Sin embargo, en vez de enviar al joven a consejería, el personal ignoraba la adicción debido a su fiel servicio en la iglesia, incluso si llegaba a la iglesia drogado. Su trabajo para la iglesia parecía ser todo lo que importaba.

A pesar de estar al tanto de su idolatría (las drogas eran su ídolo), el cuerpo pastoral aprobó su matrimonio con una joven que trabajaba en el ministerio de niños. Muy pronto la pareja tuvo un bebé pero, a pesar de los muchos cambios que habían ocurrido en su vida, Rick nunca venció su adicción a las drogas. A menudo recibía de parte del personal liberaciones públicas y palabras proféticas acerca de un nuevo comienzo, pero enseguida recaía. En vez de ofrecer a Rick una ayuda sustancial, el liderazgo de la iglesia continuaba limpiando el fruto de su adicción y permitiendo que continuara en su estado de idolatría, a pesar de que este destruía lentamente su vida y su familia. Siempre y cuando llegara a tiempo para el servicio que hacía, era intocable.

Durante los servicios de la iglesia, a veces Rick robaba dinero de las carteras que las mujeres dejaban en los asientos cuando iban al altar a orar. En una ocasión, una señora miembro de la iglesia llamó a la policía al darse cuenta de que le había robado $500 de la cartera. Rick era el único en el lugar que no estaba en el altar en el momento en que robaron el dinero. Estaba sentado en la última fila justo después de haber acabado de recibir liberación de su adicción, otra vez.

No obstante, el cuerpo pastoral no investigó el reclamo de la señora miembro de la iglesia acerca de que Rick había robado el dinero. El mensaje era claro: esto habría dañado su credibilidad con respecto al ministerio de liberación. Después de todo, Rick acababa de "ser liberado" aquella misma noche de la adicción a las drogas. Si Rick robara dinero, avergonzaría al pastor principal. El cuerpo pastoral amonestó a la señora por llamar a la policía y le sugirió que se arrepintiera o abandonara la iglesia. La doctrina de la iglesia con respecto a Rick: "Hemos echado fuera de él el demonio, de modo que no necesita ayuda profesional", estaba desbalanceada. Decidieron ignorar el hecho de que no estaba mejorando.

Algunos años más tarde a Rick lo sorprendieron robando en una tienda para continuar con su hábito de consumir drogas. Su esposa lo abandonó desesperada porque ya no podía soportar más su adicción.

Rick está en prisión y su hija ahora está sin su padre porque una iglesia autoritaria con una doctrina falsa acerca de la liberación no pudo mostrarle el verdadero amor de Dios. El deseo egoísta de que Rick continuara trabajando en la iglesia, más el orgullo del ministerio de liberación, provocó que Rick cayera en las profundidades de Satanás. Se le permitió pervertir la gracia de Dios durante una temporada, pero su pecado con el tiempo lo encontró.

Otra víctima de Jezabel.

Sentada sobre Babilonia

E l espíritu de Jezabel, que a menudo está camuflado, tiene un compañero que permanece igualmente escondido. El profeta Isaías cita la jactancia de este espíritu: La Señora de los reinos dijo: "Nadie me ve" (Isaías 47:10). La Señora de los reinos es Babilonia, compañera religiosa de Jezabel. Parte del propósito de Jezabel en los últimos tiempos es seducir a las personas para que adoren a la Señora de los reinos en vez de al Rey de Reyes. Puede que comience con el control y la manipulación pero el fin es el asesinato.

La Señora de los reinos se conoce en el libro de Apocalipsis como "Misterio, Babilonia la Grande, la Madre de las Rameras y de las abominaciones de la tierra" (Apocalipsis 17:5). Jezabel y su compañera de detrás de las cámaras, Misterio, Babilonia la Grande, la Madre de las Rameras, han seducido a innumerables multitudes a cometer inmoralidad sexual e idolatría.

Además, Jezabel y Babilonia manejan al espíritu del mundo para llevar a cabo sus propósitos. En este capítulo definiremos y estudiaremos la motivación y la interacción de estos poderosos espíritus y veremos cómo preparan sus seducciones para la destrucción de los últimos tiempos.

Tenga cuidado con el espíritu del mundo

Comencemos con una definición del espíritu del mundo. Juntas, Jezabel y Babilonia ayudan al espíritu del mundo a ejecutar su agenda mortal. El espíritu del mundo es el espíritu que mató a Jesús, a sus apóstoles, a Pablo y se mueve fuertemente contra todo aquel que menciona el nombre de Cristo.

Con toda seguridad todos los creyentes están inmersos en una guerra que determinará a quién están aliados: a Cristo o al mundo. ¿Obedeceremos los deseos de los ojos, los deseos de la carne y la vanagloria de la vida? ¿U obedeceremos a la Palabra de Dios y el Espíritu de Dios?

La Escritura nos advierte:

"No améis al mundo, ni las cosas que están en el mundo. Si alguno ama al mundo, el amor del Padre no está en él. Porque todo lo que hay en el mundo, los deseos de la carne, los deseos de los ojos, y la vanagloria de la vida, no proviene del Padre, sino del mundo. Y el mundo pasa, y sus deseos; pero el que hace la voluntad de Dios permanece para siempre".

1 Juan 2:15–17

Juan estaba hablando del espíritu del mundo, no del mundo en sí mismo. Sabemos que

"Porque de tal manera amó Dios al mundo, que ha dado a su Hijo unigénito, para que todo aquel que en él cree, no se pierda, mas tenga vida eterna. Porque no envió Dios a su Hijo al mundo para condenar al mundo, sino para que el mundo sea salvo por él".

Juan 3:16–17

Pero amar al espíritu del mundo es otra cosa completamente diferente. Cuidadosos estudios de la Escritura revelan que Jesús y sus discípulos se enfrentaron a este espíritu del mundo que luchó contra ellos. El Nuevo Testamento advierte repetidamente acerca del peligro de abrazar este espíritu. Santiago nos exhorta a que nos guardemos sin mancha del mundo (ver Santiago 1:27) y nos advierte que un amigo del mundo se constituye enemigo de Dios (Santiago 4:4). Pablo dijo que "no nos conformáramos a este mundo" (Romanos 12:2). Juan nos dijo: "No améis al mundo, ni las cosas que están en el mundo. Si alguno ama al mundo, el amor del Padre no está en él" (1 Juan 2:15).

La gran caída

La Escritura revela que estos espíritus estarán operando justo antes de la venida del Señor. De hecho, tienen un papel importante en la gran caída de la fe que ocurrirá al final de los tiempos, sobre la cual nos alerta Pablo. Pablo tenía una unción profética cuando escribió sus epístolas, las que a menudo advierten acerca del engaño. En particular, hay dos instantes en los que Pablo habló sobre esta caída: 1 Timoteo 4:1–3 y 2 Tesalonicenses 2:1–4.

Aquí está el primero:

> "Pero el Espíritu dice claramente que en los postreros tiempos algunos apostatarán de la fe, escuchando a espíritus engañadores y a doctrinas de demonios; por la hipocresía de mentirosos que, teniendo cauterizada la conciencia, prohibirán casarse, y mandarán abstenerse de alimentos que Dios creó para que con acción de gracias participasen de ellos los creyentes y los que han conocido la verdad".
>
> 1 Timoteo 4:1–3

Jezabel y Babilonia son ambos espíritus engañosos que lanzan doctrinas de demonios. Pablo describió un par de estas doctrinas de demonios en este versículo, pero estas no son las únicas doctrinas que el espíritu de este mundo está diseminando. Las doctrinas de demonios se han colado en nuestras escuelas, en nuestras iglesias y en nuestros medios de comunicación.

Fíjese otra vez en estas palabras de Pablo:

> "Porque vendrá tiempo cuando no sufrirán la sana doctrina, sino que teniendo comezón de oír, se amontonarán maestros conforme a sus propias concupiscencias, y apartarán de la verdad el oído y se volverán a las fábulas".
>
> 2 Timoteo 4:3-4

Soy testigo de que ahora estamos en ese tiempo. Gran parte de la iglesia tiene comezón de oír el evangelio de la prosperidad u otros evangelios de "bienestar" que proveen para los deseos de nuestra carne y, por tanto, insensibilizan nuestros espíritus a la verdad que Jesús predicó.

Este evangelio diluido está abriendo la puerta a la gran caída. Santiago afirmó que si solo somos oidores de la Palabra pero no hacedores de ella, nos estamos engañando a nosotros mismos (ver Santiago 1:22). No es demasiado difícil que Jezabel y Babilonia nos engañen cuando ya nos hemos engañado a nosotros mismos con un evangelio que no demanda ningún sacrificio.

Cuando el Señor regrese, debe encontrarnos fieles a su Palabra. El que persevere hasta el fin, éste será salvo (ver Mateo 24:13). Eso no significa que seamos perfectos, pero significa que nos enrolaremos activamente en una guerra contra el espíritu de este mundo. Es trágico que muchos se aparten de la fe antes de la Segunda Venida de nuestro Señor Jesucristo.

Este es el segundo versículo específico que nos alerta acerca de la caída:

> "Pero con respecto a la venida de nuestro Señor Jesucristo, y nuestra reunión con él, os rogamos, hermanos, que no os dejéis

mover fácilmente de vuestro modo de pensar, ni os conturbéis, ni por espíritu, ni por palabra, ni por carta como si fuera nuestra, en el sentido de que el día del Señor está cerca. Nadie os engañe en ninguna manera; porque no vendrá sin que antes venga la apostasía, y se manifieste el hombre de pecado, el hijo de perdición, el cual se opone y se levanta contra todo lo que se llama Dios o es objeto de culto; tanto que se sienta en el templo de Dios como Dios, haciéndose pasar por Dios".

2 Tesalonicenses 2:1–4

Esta caída de la fe, al darle la espalda a Cristo, será tan clara que constituye una de las señales que precederán a la Segunda Venida, junto con la aparición del Anticristo. Creo que esta gran caída comienza con el compromiso que la iglesia hará con el espíritu de este mundo, que ya es evidente en las iglesias occidentales. Babilonia y Jezabel están trabajando juntas para seducir a los santos a la inmoralidad y la idolatría que los conducirá al lago de fuego cuando Jesús regrese si no se arrepienten. El espíritu del mundo es como una herramienta en sus manos.

Babilonia: el sistema del mundo

Hay puntos de vista diferentes dentro del Cuerpo de Cristo con respecto a dónde se ubica Babilonia en la jerarquía demoniaca (principado, potestad, poder de la oscuridad, etc.). Lo que queda claro, no obstante, es que Babilonia es más que un espíritu seductor: se manifiesta en el mundo como un sistema.

Babilonia es el sistema religioso, político y económico mundial que se personifica en el libro de Apocalipsis como la *Misteriosa Babilonia*. Creo que Jezabel es un principado y que la Misteriosa Babilonia es el sistema mundial por medio del cual trabaja. Algunos creen que Babilonia es el Gobierno Único Mundial emergente o el Nuevo Orden Mundial. La concordancia Strong define la *Misteriosa Babilonia* como "el secreto de la confusión o la amargura". Lo más importante que hay que entender es que el espíritu detrás de este sistema es poderoso y mortal.

En Apocalipsis 17:1–6, Juan ofrece una perspectiva del espíritu de Babilonia:

"Vino entonces uno de los siete ángeles que tenían las siete copas, y habló conmigo diciéndome: Ven acá, y te mostraré la sentencia contra la gran ramera, la que está sentada sobre muchas aguas; con la cual han fornicado los reyes de la tierra, y los moradores de la tierra se han embriagado con el vino de su fornicación. Y me llevó en el Espíritu al desierto; y vi a una mujer sentada sobre una bestia escarlata llena de nombres de blasfemia, que tenía siete cabezas y diez cuernos. Y la mujer estaba vestida de púrpura y escarlata, y adornada de oro, de piedras preciosas y de perlas, y tenía en la mano un cáliz de oro lleno de abominaciones y de la inmundicia de su fornicación; y en su frente un nombre escrito, un misterio:

BABILONIA LA GRANDE,
LA MADRE DE LAS RAMERAS Y DE
LAS ABOMINACIONES DE LA TIERRA.

Vi a la mujer ebria de la sangre de los santos, y de la sangre de los mártires de Jesús; y cuando la vi, quedé asombrado con gran asombro".

Esta gran ramera seduce a los líderes mundiales, a los líderes religiosos, políticos y económicos, trabajando como alguien que mueve las cuerdas de una marioneta escondida. El sistema de Babilonia atrae a las personas con sus muchos beneficios tales como una sola religión mundial que promete menos guerras (y rumores de guerras) y prosperidad. En la actualidad vemos esta tendencia en el Cuerpo de Cristo a través del universalismo, la doctrina de la Nueva Era, el humanismo y el evangelio de la prosperidad. Babilonia está llena de idolatría e inmoralidad porque sus sistemas nacieron a través de Jezabel.

Infiltración en los sistemas mundiales

El ángel que habló con Juan en el pasaje anterior esencialmente le ofreció una visión profética de una de las maniobras de Satanás para seducir no solo a la Iglesia sino también a la nación de Israel y al mundo. Al infiltrarse en los sistemas políticos, económicos y religiosos, Babilonia obtendrá una fortaleza.

Con respecto a la política, Apocalipsis 18:3 revela que "todas las naciones han bebido del vino del furor de su fornicación; y los reyes de la tierra han fornicado con ella". En este versículo claramente podemos ver la influencia de Babilonia en los gobiernos mundiales.

Con respecto a la economía, Apocalipsis 18:3 dice esto acerca del mercado: "Los mercaderes de la tierra se han enriquecido de la potencia de sus deleites". Apocalipsis 18:23 afirma: "Luz de lámpara no alumbrará más en ti, ni voz de esposo y de esposa se oirá más en ti; porque tus mercaderes eran los grandes de la tierra; pues por tus hechicerías fueron engañadas todas las naciones". Muchas personalidades del mundo financiero de los últimos tiempos estarán atadas a Babilonia y no se darán cuenta de ello.

Con respecto a la religión, Apocalipsis 17:5, como hemos visto, la llama "la Madre de las Rameras". Algunos teólogos consideran que este nombre es simbólico y representa las diversas religiones apóstatas que se juntarán y dominarán al mundo hasta que el Anticristo tenga el poder total. Sugieren que esta gran ramera tendrá el poder total sobre sus leales súbditos debido a su prostitución espiritual y sus abominaciones.

Para la mayoría de los creyentes, esto es todo un misterio. Lo importante es que comencemos a entender cómo Jezabel y Babilonia trabajan juntas, de modo que podamos discernir la sutil tentación a hacer compromisos. Esto lo podemos hacer estudiando las

Escrituras, por supuesto, pero también podemos entenderlo observando la historia de estos espíritus en los tiempos antiguos. Dediquemos algunos minutos a ver la primera aparición del espíritu de Babilonia en nuestro mundo, particularmente cuando comenzó su compañerismo con Jezabel.

La nueva religión de Nimrod

Jezabel y Babilonia tienen una larga historia la una con la otra. Muchos que enseñan acerca del espíritu de Jezabel la identifican primeramente con la reina del Antiguo Testamento que llevaba ese nombre. Pero el espíritu que influenció a la reina Jezabel estaba vivo mucho antes de que esta reina personificara muchas de sus características. Lo mismo sucede con la Misteriosa Babilonia, quien ha estado presente durante siglos.

Algunos creen que el espíritu de Babilonia ya estaba presente en el Jardín del Edén, moviéndose a través de la serpiente para convencer a Eva de que buscara el conocimiento prohibido. Y la Escritura ofrece una pista de las motivaciones de este espíritu para construir un sistema económico aparte del Reino de Dios en Génesis 10:8-12, que es donde Nimrod, bisnieto de Noé, entra en escena. Nimrod fundó varias ciudades en la tierra de Sinar, incluyendo a Babel (el primer nombre de la ciudad de Babilonia) y estableció un reino. Este reino también se llamaba Babilonia.

Los historiadores de la Biblia destacan que Nimrod dirigió el proyecto de la Torre de Babel como un acto de rebelión. De hecho, obtenemos una pista del carácter de Nimrod al estudiar su nombre: La palabra hebrea *nimrod* significa "rebelémonos". El historiador judío del primer siglo Flavio Josefo hizo este comentario: "[Nimrod] dijo que se vengaría de Dios, por si acaso tenía idea de ahogar al mundo otra vez; ¡porque construiría una torre lo suficientemente alta como para que las aguas no la pudieran alcanzar!". ¡Qué arrogancia! Era como si Nimrod estuviera diciendo: "¡Seremos más que Dios! ¡Haremos lo que queramos y no nos podrá juzgar!".

Nimrod se casó con una mujer pagana llamada Semiramis. Es allí donde la historia babilónica de Nimrod toma un giro jezabelístico. Semiramis era conocida también como Istar o la Reina del Cielo. Semiramis tiene muchas de las mismas características de la reina Jezabel. Introdujo la inmoralidad sexual en la religión pagana. De hecho, como Semiramis, Jezabel también se conoce como Istar o la Reina del Cielo. Semiramis exhibió la primera manifestación registrada de lo que se conoce como Jezabel.

La idolatría de Semiramis

Semiramis, quien se había vanagloriado de ser una reina virgen, salió embarazada después de la muerte de Nimrod. Al tramar una inteligente historia, encontró una forma tanto de cubrir su inmoralidad como de deificar a su fallecido esposo: declaró que el espíritu de Nimrod la había embarazado.

El hijo de Semiramis, que se llamó Tamuz, fue introducido como un Nimrod reencarnado y posicionado como un dios. Semiramis muy pronto se convirtió en la madre de un culto, asegurando tener sabiduría divina pero, así como la Jezabel del libro de Apocalipsis, enseñó a sus seguidores a servir a los ídolos y a cometer inmoralidades sexuales. Semiramis promovió una trinidad perversa: ella, el fallecido Nimrod y Tamuz, e introdujo el culto a la fertilidad.

Vemos evidencia de esto en las Escrituras: El Señor le mostró a Ezequiel a mujeres que estaban sentadas a la entrada de la puerta de la casa de Jehová, endechando a Tamuz (ver Ezequiel 8:14). La *Reformation Study Bible* (Biblia de estudio Reformación) ofrece esta descripción:

> En la época de Ezequiel, Tamuz recibía adoración como el dios de la fertilidad y como el señor del inframundo. Los ritos que se usaban en la adoración a Tamuz estaban ligados a los ciclos anuales

de la muerte y el renacimiento de la vegetación. Cuando las plantas se marchitaban bajo el calor del sol de verano, se creía que Tamuz había muerto y había regresado al inframundo; para destacar este paso de un mundo a otro se hacían ritos de luto. La reaparición de la vegetación se consideraba como una señal de que Tamuz había regresado; los ritos a la fertilidad buscaban asegurar la productividad de la tierra.

En *Meditations in the Revelation* (Zion Faith Homes, 1991), Rex Andrews explica que a las jóvenes en Babilonia se les obligaba a participar en los ritos a la fertilidad y a ofrecer los dones más preciosos que tenían: su virginidad, castidad y modestia. En vez de inclinarse ante el único y verdadero Dios, Andrews afirma que todas las rodillas se inclinaban ante la diosa, todas las manos se extendían a ella y todos los labios reverenciaban su nombre. Ese nombre era Istar, un pseudónimo de Semiramis y también de Jezabel.

Andrews afirma:

> Uno de los principios sagrados de la adoración a Istar obligaba a cada mujer que creía en ella y que adoraba en su templo a entregarse al menos una vez en su vida a un hombre extraño. Esta obligación era universal independientemente de la edad o el rango. Todas las adoradoras del sexo femenino tenían que sentarse en el santuario con el rostro cubierto y exponer su desnudez ante los ojos lujuriosos de hombres extraños. Si un hombre se paraba frente a una mujer y deseaba tener relaciones sexuales con ella debía colocar, como señal de su deseo, una pieza de plata o algún objeto de valor en su seno. Entonces la mujer quedaba obligada a rendirse ante su lujuria. Los sacerdotes tomaban este regalo como una ofrenda para la diosa Istar.
>
> Además de esta prostitución obligatoria de la cual se encargaban los sacerdotes de Istar, en el templo habían rameras religiosas permanentes, o *kedeshot* (a saber: santas, santificadas para Istar para la prostitución). Durante el festival de primavera,

cuando Istar descendía al Seol (lo que se representaba en una obra de teatro) para suplicar a las sombras que liberaran a Tamuz de las ataduras del sueño de la muerte y lo enviaran de regreso a la tierra para renovar sus frutos y su fertilidad, las *kedeshot* participaban en las orgías más salvajes en el templo en honor al recién nacido Tamuz que había regresado.

La conexión Jezabel-Babilonia

¿Está comenzando a ver la fortaleza de la conexión Jezabel-Babilonia? Aunque la Biblia no menciona a Semiramis por nombre, los historiadores bíblicos ampliamente la acreditan por haber desarrollado el sistema pagano de adoración en Babilonia.

El espíritu de Jezabel, el espíritu que influenció a Semiramis es, en última instancia, el fundador del sistema religioso de Babilonia. Aunque Nimrod fundó la ciudad de Babilonia, Semiramis, en su búsqueda de poder, creó su religión. La religión de Babilonia es la religión de Jezabel. La reina Jezabel que aparece en el Antiguo Testamento siguió aquellos mismos rituales y prácticas paganas.

El punto es este: Jezabel es una ramera espiritual y la Misteriosa Babilonia también. Considere las Escrituras. Cada una de las noventa referencias que hace el Antiguo Testamento acerca de la prostitución en Israel habla de una religión que busca satisfacer sus necesidades a través de la idolatría. A Babilonia se le llama la Madre de las Rameras, lo que significa que da lugar al nacimiento de otras religiones. Casi todas las religiones falsas que existen en el mundo actual están relacionadas de una manera u otra al culto que fundó Semiramis. La Jezabel que aparece en Apocalipsis 2:20 estaba enseñando a los siervos de Dios las costumbres de Babilonia.

Con respecto a Israel, el Señor le dijo a Ezequiel lo siguiente: "Y los que de vosotros escaparen se acordarán de mí entre las naciones en las cuales serán cautivos; porque yo me quebranté a causa de su corazón fornicario que se apartó de mí, y a causa de sus ojos que fornicaron tras sus ídolos; y se avergonzarán de sí mismos, a

causa de los males que hicieron en todas sus abominaciones"
(Ezequiel 6:9). Israel colocaba repetidamente su confianza en
los ídolos, con el deseo de recibir provisión y creaba alianzas
con otras naciones idólatras a cambio de protección. Esto que-
brantaba el corazón de Dios. Se suponía que Israel fuera fiel
a Dios, no que se comprometiera con el espíritu de Babilonia.
Mientras estaban en el desierto, el Señor dijo a los israelitas:

"Guárdate de hacer alianza con los moradores de la tierra donde
has de entrar, para que no sean tropezadero en medio de ti.
Derribaréis sus altares, y quebraréis sus estatuas, y cortaréis
sus imágenes de Asera. Porque no te has de inclinar a ningún
otro dios, pues Jehová, cuyo nombre es Celoso, Dios celoso es.
Por tanto, no harás alianza con los moradores de aquella tierra;
porque fornicarán en pos de sus dioses, y ofrecerán sacrificios
a sus dioses, y te invitarán, y comerás de sus sacrificios; o tomando de sus hijas para tus hijos, y fornicando sus hijas en pos
de sus dioses, harán fornicar también a tus hijos en pos de los
dioses de ellas".

Éxodo 34:12–16

Piense en esto un minuto. Israel tenía un pacto con Dios.
Solo una de los miembros del pacto podía considerarse una
ramera, porque una ramera por definición es alguien que es
infiel. La Misteriosa Babilonia se conoce como la Madre de las
Rameras, lo que indica que este es un poderoso espíritu que
seduce a otros a la prostitución espiritual. Otra forma de des-
cribir la prostitución espiritual es la idolatría. La idolatría es
adorar a otro dios y la idolatría tiende a conducir a toda clase
de inmoralidades, desde pecados sexuales, drogas, y tráfico
humano, hasta varios rituales inspirados por los demonios.
Ese es el campo de acción de Jezabel. Jezabel usa a Babilonia
para cumplir su malvada agenda.

Finalmente caerá

Jezabel está ciertamente en busca de poder y control y su deseo es que todo el mundo adore a sus dioses. Este espíritu quiere que todos adoren a la ramera Babilonia, una falsificación de la Novia de Cristo. La Misteriosa Babilonia y Jezabel están trabajando juntas para engañar a la iglesia. Al final de los siglos, la Novia de Cristo se enrolará en un conflicto espiritual con la Misteriosa Babilonia. Existen muchas teorías acerca de Babilonia y de cómo se manifiesta en los últimos días. Dejaré esos debates a los teólogos, quienes han dedicado muchos años al estudio de este tema. Lo que es importante para nuestro estudio de Jezabel es el hecho de que Babilonia caerá, justo como lo profetizó Isaías (ver Isaías 21:9). Dos versículos en Apocalipsis anuncian la caída de Babilonia: Apocalipsis 14:8 y 18:2. Esto sugiere que puede que la caída se lleve a cabo en dos etapas de este sistema malvado o que puede que caiga en dos ocasiones.

Apocalipsis 14:8 nos dice por qué Babilonia caerá: "Ha caído, ha caído Babilonia, la gran ciudad, porque ha hecho beber a todas las naciones del vino del furor de su fornicación". Apocalipsis 18:2–10 nos muestra los resultados de la caída, nos recuerda por qué cayó y hace un llamado a los santos a salir de Babilonia. En este segundo pasaje vemos el juicio de Dios sobre Babilonia y sobre todos aquellos que se niegan a dar la espalda a este sistema inspirado por los demonios:

> "Y clamó con voz potente, diciendo: Ha caído, ha caído la gran Babilonia, y se ha hecho habitación de demonios y guarida de todo espíritu inmundo, y albergue de toda ave inmunda y aborrecible. Porque todas las naciones han bebido del vino del furor de su fornicación; y los reyes de la tierra han fornicado con ella, y los mercaderes de la tierra se han enriquecido de la potencia de sus deleites. Y oí otra voz del cielo, que decía: Salid de ella, pueblo mío, para que no seáis partícipes de sus pecados, ni recibáis parte de sus plagas;

porque sus pecados han llegado hasta el cielo, y Dios se ha acordado de sus maldades. Dadle a ella como ella os ha dado, y pagadle doble según sus obras; en el cáliz en que ella preparó bebida, preparadle a ella el doble. Cuanto ella se ha glorificado y ha vivido en deleites, tanto dadle de tormento y llanto; porque dice en su corazón: Yo estoy sentada como reina, y no soy viuda, y no veré llanto; por lo cual en un solo día vendrán sus plagas; muerte, llanto y hambre, y será quemada con fuego; porque poderoso es Dios el Señor, que la juzga. Y los reyes de la tierra que han fornicado con ella, y con ella han vivido en deleites, llorarán y harán lamentación sobre ella, cuando vean el humo de su incendio, parándose lejos por el temor de su tormento, diciendo: ¡Ay, ay, de la gran ciudad de Babilonia, la ciudad fuerte; porque en una hora vino tu juicio!".

El falso sistema religioso de Jezabel, la poderosa Babilonia, que ha tenido a creyentes y no creyentes cautivos durante miles de años, serán destruidos en un momento.

5

La religión de Jezabel

¿Es usted religioso o religiosa? Si usted cree sinceramente en Jesús y está familiarizado con sus palabras a los líderes espirituales de su época, es probable que se avergüence si alguien lo llama "religioso". Los espíritus religiosos desencadenan debates que generan peleas entre los cristianos (ver 2 Timoteo 2:14). También impiden que las personas entren en el Reino de Dios (ver Mateo 23:13).

Para la mayoría de los cristianos, las palabras *religioso* y *espíritu religioso* traen a la mente imágenes de los fariseos y los saduceos, los funcionarios religiosos que se negaron a creer que Jesús era el Hijo de Dios y demandaron su crucifixión. De modo que si alguien sugiere que usted es religioso, es probable que enseguida le explique que más bien lo que tiene es una relación con Jesús. No tiene ni un hueso de religioso en su cuerpo y su Salvador tampoco.

¿Pero con quién tiene una relación en realidad? Piense en ello.

Técnicamente la religión es un conjunto personal o un sistema institucionalizado de actitudes religiosas, creencias y prácticas religiosas. Los estudios muestran que la religión (mejor definida en el mundo de la investigación como "fe en Dios") puede hacer a las personas más felices y más saludables. Pero la religión también puede ser engañosa e incluso, mortal. Está claro que la religión ha provocado guerras y muertes de multitudes. Muchos de los que perecieron en esas batallas nunca tuvieron la oportunidad de escuchar acerca del Evangelio de salvación de Cristo. Solo tiene que observar al islamismo radical para ver un ejemplo de los tiempos modernos.

Ya sea en el Oriente Medio o en cualquier otro lugar del mundo, las guerras religiosas o guerras santas comienzan en el espíritu. "Porque no tenemos lucha contra sangre y carne, sino contra principados, contra potestades, contra los gobernadores de las tinieblas de este siglo, contra huestes espirituales de maldad en las regiones celestes" (Efesios 6:12). Cuando perdemos la guerra en las regiones celestes, esta se manifiesta en el ámbito natural. Jezabel está moviéndose libremente en el mundo actual porque hemos dado entrada a este principado. Colectivamente, como Cuerpo de Cristo, no hemos ejercido la autoridad del creyente para atar esta maldad. Hemos tolerado a Jezabel y a su religión.

Conozca a los dioses de Jezabel

Para comprender las obras engañosas de Jezabel necesitamos entender a los dioses de Jezabel. Jezabel ciertamente es religiosa, pero no es a Jehová Dios a quien está adorando. El rey Acab y la reina Jezabel les pusieron a sus hijos nombres hebreos, pero creo que fue más por ser políticamente correctos que por honrar al Dios de los hebreos.

Puede que Jezabel incluya el nombre de Jehová (o Jesús) en el conjunto, pero esto solo es de labios para afuera. Como dijo Jesús: "Este pueblo de labios me honra; mas su corazón está lejos de mí" (Mateo 15:8). No todo el que menciona el nombre de Jesús lo tiene en su corazón. El movimiento de la Nueva Era es un buen ejemplo de esto. Muchos miembros de la Nueva Era citan las enseñanzas de Buda junto con las enseñanzas de Jesús como autoridades similares.

De la misma manera, la reina Jezabel adoraba a varios dioses. Jezabel servía a Astarot y a Baal principalmente, dioses del sistema babilónico. Algunos eruditos sugieren que las entidades espirituales conocidas como Baal y Tamuz, el hijo que tuvo Semiramis y que dijo que era Nimrod renacido, son uno solo y el mismo.

Astarot, la Reina del Cielo, es la contraparte femenina de Baal. Astarot era la diosa suprema de Canaán, la diosa del amor y de la guerra. Según la enciclopedia bíblica *International Standard Bible Encyclopedia*, la prostitución se practicaba en nombre de Astarot. Este espíritu declaraba oráculos a las profetisas en sus templos.

Baal se conoce como el dios de la adivinación profética. El espíritu de Baal conduce a las personas a la idolatría justo como condujo a los israelitas a la idolatría cuando Moisés estaba en el monte hablando con Dios. ¿Recuerda cómo los hijos de Israel hicieron un becerro fundido para adorarlo? Ese era el espíritu de Baal que estaban adorando (ver Éxodo 32:8). Los profetas de Baal, entonces, hicieron declaraciones proféticas que condujeron a las personas a la idolatría. Es decir, apartaron a sus seguidores de Dios y los atrajeron a motivaciones personales egoístas.

Los cultos modernos a Jezabel

Quiero hablar aquí sobre algunas sectas cristianas, porque estos tipos de religiones son motivadas por el espíritu de Jezabel. Cualquiera que esté buscando una fe más profunda y que se vuelva a religiones falsas como el hinduismo, el sintoísmo o el budismo está consciente de que estas religiones no son cristianas. La decisión de seguir a los dioses de estas religiones significa darle la espalda a la verdad de la Biblia.

Las sectas cristianas son mucho más engañosas, de cierta forma, porque los que las practican usualmente creen que están obedeciendo las enseñanzas de las Escrituras. Estos grupos a menudo promueven una cultura sexual e idolátrica y, como tal, son un destino esencial para Jezabel. A los seguidores se les convence con palabras que suenan ortodoxas y gradualmente el engaño se generaliza. El mundo observa con asombro mientras los líderes de estas sectas conducen a sus miembros a cometer acciones terribles.

David Koresh y Jim Jones, de quienes hablaremos en este capítulo, son dos ejemplos prominentes, al haber planificado suicidios en masa. Si observa atentamente las obras internas de estas sectas, encontrará el engaño de Jezabel presente. Se dará cuenta de que no fue otra que Jezabel quien cambió el Evangelio en una religión de idolatría e inmoralidad sexual.

A medida que lea acerca de algunos de los cultos de Jezabel en las páginas siguientes, tenga en cuenta que ninguno de estos movimientos religiosos comenzó directamente con idolatría e inmoralidad sexual. Más bien, la idolatría y la inmoralidad sexual fueron el resultado de la adopción dentro del culto de la religión babilónica de Jezabel. A medida que los líderes de estos movimientos se adentraron cada vez más en la oscuridad, guiados ya fuera por Satanás o por la maldad de sus propios corazones, abrieron la puerta de par en par al engaño de Jezabel. Gradualmente sus seguidores comenzaron a idolatrar a los líderes y participaron en viles actos sexuales, ya sea voluntariamente o a la fuerza.

"Reformando" el Evangelio

Bajo el liderazgo de David Koresh, la Rama Davidiana surgió a partir de un movimiento de reforma dentro de la iglesia protestante que comenzó en 1930. Victor Houteff, un emigrante búlgaro que había sido expulsado de la iglesia ortodoxa griega, tuvo un "nuevo Apocalipsis" y decidió que la denominación que recientemente había elegido, la Iglesia Adventista del Séptimo Día, debía recibirlo. Desarrolló aquel Apocalipsis en un libro llamado *La vara del Pastor: los 144,000, un llamado a la reforma.*

Cuando la Iglesia Adventista del Séptimo Día rechazó su Apocalipsis y lo excomulgó (fíjese: esta es la segunda vez que lo sacaron de la membresía de un cuerpo de creyentes), Houteff formó su propia religión con el propósito de "reformar" la Iglesia Adventista del Séptimo Día. El Apocalipsis de Houteff que no había sido bien recibido pretendía preparar al pueblo de Dios para la inminente catástrofe profética de Ezequiel 9.

En la década del cincuenta, Houteff murió y su iglesia se disgregó. La Rama Davidiana resurgió bajo el liderazgo de Benjamin Roden. La esposa de Roden, Lois, dijo que le había sido revelado un "Apocalipsis divino" en 1977. ¿Le suena familiar? El fundador Houteff tuvo un "nuevo Apocalipsis" y Lois Roden siguió con la idea de un "Apocalipsis divino". Ambos líderes religiosos estaban en un craso error. No estaban simplemente introduciendo un nuevo Apocalipsis; estaban introduciendo una nueva doctrina. El Apocalipsis divino del Espíritu Santo siempre nos señala a Jesús y se alinea con la Palabra escrita de Dios. El testimonio de Jesús es el espíritu de profecía (ver Apocalipsis 19:10). El Apocalipsis de Lois no era tan divino.

¿Una doctrina falsa inspirada por Jezabel?

La doctrina de Lois enseñaba que el Espíritu Santo era femenino en género y, por tanto, ella predicaba el concepto de la Trinidad como Dios el Padre, Dios la Madre y Dios el Hijo. Esta proclamación le dio a Lois la autojustificación, como mujer, para asumir una posición de liderazgo en la iglesia. Tal vez Lois no se dio cuenta de que no necesitaba una falsa doctrina para asumir el liderazgo en la iglesia, solo necesitaba un llamado divino.

A lo largo de los siglos muchas mujeres han sido llamadas a ocupar posiciones de liderazgo en el Cuerpo de Cristo. A continuación menciono solo algunas del siglo pasado. En los años veinte, Aimee Semple McPherson fundó la Iglesia Internacional del Evangelio Cuadrangular y construyó el templo Ángelus, de 5,300 asientos. Kathryn Kuhlman comenzó a celebrar servicios de milagros en 1948. Marilyn Hickey entró al ministerio en la década del sesenta y todavía impactaba al mundo cuando tenía ochenta años. Esos son solo unos pocos ejemplos de las pioneras del ministerio femenino que demostraron al mundo que el Espíritu Santo concede autoridad a las mujeres en la iglesia.

¿Sería posible que Lois, lejos de seguir al Espíritu Santo, recibiera el Apocalipsis del espíritu de Jezabel? En *Prophets of the Apocalypse: David Koresh & Other American Messiahs* (Baker, 1994), Kenneth R. Samples escribe lo siguiente: "Obtuvo esta especie de 'nueva luz' mediante una visión en 1977 que tuvo lugar mientras estaba estudiando Apocalipsis 18:1 a las 2 a. m. cierto día. Según sus propias palabras, miró afuera por la ventana de su habitación y vio una 'visión de un brillante ángel de plata que estaba volando'".

Me duele ver cuántas personas se refieren a ángeles en falsos Apocalipsis proféticos. Los encuentros angélicos ciertamente pueden ser auténticos, pero demasiadas personas en el Cuerpo de Cristo afirman que han tenido revelaciones de ángeles fuera de los límites de la Escritura. Y eso es peligroso. Pablo alertó: "Y no es maravilla, porque el mismo Satanás se disfraza como ángel de luz. Así que, no es extraño si también sus ministros se disfrazan como ministros de justicia; cuyo fin será conforme a sus obras" (2 Corintios 11:14−15).

Cuando el esposo de Lois falleció al año siguiente, su hijo George reclamó sus derechos como profeta de la iglesia. Lois luchó contra él en una corte de justicia secular, algo que el apóstol Pablo exhorta a que no se haga en 1 Corintios 6:1−8 y ganó una orden judicial permanente contra la presidencia de su hijo. De esta forma Lois, hambrienta de poder, ejerció el dominio en la iglesia y continuó predicando su "revelación" de que el Espíritu Santo era femenino.

Lois recibió reconocimiento internacional, incluyendo un premio de la Fundación Dove para la revista que ella publicaba. ¿Sería posible que el espíritu de Jezabel tomara control de la Rama Davidiana, perpetuando una doctrina falsa acerca del Espíritu Santo, el propio espíritu de profecía?

La fornicación de Jezabel

La manifestación del espíritu de Jezabel se intensificó cuando Vernon Howell, más tarde conocido como David Koresh, descubrió la Rama Davidiana. Koresh, de 24 años, se mudó a vivir con Lois, de 67 años, y se involucró con ella románticamente. Lois le dio al joven oportunidades para enseñar en la iglesia y él asumió el liderazgo, declarándose a sí mismo como "el séptimo ángel" del libro de Apocalipsis. Muy pronto, Koresh se casó con una chica de catorce años.

Lois, tal vez viendo su autoridad amenazada, se puso de pie en una reunión y le contó a la congregación acerca de las sórdidas escapadas sexuales que había tenido con su joven discípulo. Pero para ese entonces la congregación ya idolatraba a Koresh como el sucesor de Lois. La Rama Davidiana aceptó a Koresh como el "séptimo ángel". Las Escrituras afirman que el séptimo ángel tocará una trompeta que revelará "el misterio de Dios" (Apocalipsis 10:7) y que cuando el séptimo ángel derrame su copa por el aire, "una gran voz [saldrá] del templo del cielo, del trono, diciendo: '¡Hecho está!'" (Apocalipsis 16:17).

Koresh se adueñó del poder y se casó con muchas mujeres antes de declarar que todas las mujeres solteras del recinto eran sus esposas. Con el tiempo, Koresh declaró que todos los hombres del recinto también debían rendir sus esposas a él. Koresh usó la intimidación, el abuso verbal y las amenazas de que sus seguidores perderían la salvación como un medio para obligar a las mujeres a que tuvieran sexo con él. En 1993, Koresh y muchos de sus seguidores murieron en un fuego que conllevó a un suicidio masivo cuando el Departamento de Bebidas Alcohólicas, Tabaco y Armas de Fuego de los Estados Unidos, trató de ejecutar una orden de registro en el recinto de la Rama Davidiana en los suburbios de Waco, Texas.

Esta es la agenda de Jezabel. El control y la manipulación son un medio para llevar a la gente a la idolatría y a la inmoralidad sexual y, con el tiempo, a la muerte. Jezabel jugó todas sus cartas y ganó en Waco. Según el Departamento de Justicia, 75 personas murieron dentro de este recinto, incluyendo a 25 niños.

"La pesca con coqueteo"

La Rama Davidiana no es el único ejemplo moderno de una secta que haya dominado Jezabel. El Templo del Pueblo, bajo el liderazgo de Jim Jones, también se caracterizó por la idolatría y la inmoralidad sexual. Según Rebecca Moore en *A Sympathetic History of Jonestown: The Moore Family's Involvement in Peoples Temple* (Edwin Mellen, 1985), "la adulación y la adoración que los seguidores de Jim Jones le ofrecían era idólatra… Nuestros hijos y los miembros del Templo del Pueblo colocaron en Jim Jones su confianza y le ofrecieron la lealtad que fuimos creados para ofrecer solo a Dios".

Acusaciones de inmoralidad sexual estuvieron presentes a lo largo del ministerio de Jim Jones en fechas tan tempranas como 1965. Esas acusaciones continuaron persiguiéndolo a principio de los años setenta y, según el libro de Ruth A. Tucker's, *Another Gospel: Cults, Alternative Religions, and the New Age Movement* (Zondervan, 2004), Jones trasladó a sus veinte mil seguidores a Guyana para escapar de la crítica de la prensa. Algunos reportajes argumentan que Jones llevó su inmoralidad sexual aún más lejos que Koresh, sodomizando a algunos miembros de su congregación para demostrar que eran homosexuales. Aproximadamente mil de sus seguidores murieron en 1978 por envenenamiento con cianuro o por armas de fuego. Joseph Smith, fundador de la Iglesia de Jesucristo de los Santos de los Últimos Días, hizo referencia a una "revelación divina" para incorporar la poligamia en su religión mormona. Los historiadores debaten cuántas esposas tuvo Smith. Inmoralidad sexual. Luego tenemos a La Familia Internacional, también conocida como Los Niños de Dios. La Familia practicaba un método evangelístico que se conoce como "pesca con coqueteo" que usaba el sexo para ganar almas. De hecho, la Corte Suprema de Justicia del Reino Unido decretó que había "un amplio abuso sexual de niños y adolescentes por parte de los miembros adultos de La Familia". Inmoralidad sexual.

La religión depravada de Jezabel

¿Puede ver la influencia de Jezabel en estos cultos? Si solamente está buscando un espíritu de control, puede que no esté en lo correcto. El engaño de Jezabel a menudo obra para conducir a la gente a la idolatría y la inmoralidad sexual en el nombre de Jesús. Una vez que Jezabel logra construir una fortaleza en cualquier ministerio, las manifestaciones se hacen más visibles. ¿Cómo sucede esto?

Piense en los tiempos que estamos viviendo. Piense en la enorme influencia que ejerce Jezabel sobre nuestra sociedad. Y piense en el progreso del pecado. Anteriormente citamos la advertencia de Pablo a Timoteo: "Pero el Espíritu dice claramente que en los postreros tiempos algunos apostatarán de la fe, escuchando a espíritus engañadores y a doctrinas de demonios; por la hipocresía de mentirosos que, teniendo cauterizada la conciencia" (1 Timoteo 4:1–2).

Romanos 1 describe la estrategia que usa Jezabel para atraer a los creyentes a su sujeción criminal. Jezabel no solo es un espíritu engañoso que promueve doctrinas de demonios sino que también es un principado muy paciente. Jezabel se tomará su tiempo para seducir a alguien de manera cada vez profunda al error. La estrategia dominante de Jezabel en la maldad es reprimir la verdad. Luego remplazará la verdad con su religión depravada.

El engaño de Jezabel comienza con idolatría: "Pues habiendo conocido a Dios, no le glorificaron como a Dios, ni le dieron gracias, sino que se envanecieron en sus razonamientos, y su necio corazón fue entenebrecido" (Romanos 1:21). Cuando conocemos a Dios y no lo glorificamos ni le agradecemos por lo que es y por lo que ha hecho, nos estamos comportando como meros tontos que no conocemos a Dios y no estamos caminando en el reverente temor del Señor que nos llamó "de las tinieblas a su luz admirable" (1 Pedro 2:9). Cuando enfocamos la adoración que Dios merece en nosotros mismos o en algo más, eso es idolatría.

Cambiando la verdad de Dios por la mentira de Jezabel

Puede ver el progreso del engaño de Jezabel en Romanos 1. Por supuesto, estos versículos no se aplican solamente a Jezabel; el pasaje revela la progresión lenta y mortal de cualquier pecado. De hecho, nos ofrece una excelente aclaración acerca del trabajo del maligno. Repito, Romanos 1 podría considerarse como un resumen de la táctica de alto nivel del paciente trabajo de Jezabel. Continuemos leyendo.

"Por lo cual también Dios los entregó a la inmundicia, en las concupiscencias de sus corazones, de modo que deshonraron entre sí sus propios cuerpos, ya que cambiaron la verdad de Dios por la mentira, honrando y dando culto a las criaturas antes que al Creador, el cual es bendito por los siglos".

Romanos 1:24–25

La religión de Jezabel

Dios es, por supuesto, paciente y misericordioso. Pero cuando nos negamos a arrepentirnos de nuestra idolatría y lujuria, cuando abandonamos la verdad que conocemos por una mentira conveniente y adoramos a otros dios, nuestro amoroso Creador con el tiempo nos permitirá que sigamos tras esa inmundicia. Tenemos libre albedrío. Incluso si eso quebranta su corazón, Dios no usurpará nuestras elecciones.

"Por esto Dios los entregó a pasiones vergonzosas; pues aun sus mujeres cambiaron el uso natural por el que es contra naturaleza, y de igual modo también los hombres, dejando el uso natural de la mujer, se encendieron en su lascivia unos con otros, cometiendo hechos vergonzosos hombres con hombres, y recibiendo en sí mismos la retribución debida a su extravío".

Romanos 1:26-27

Romanos 1 nos muestra claramente cómo la idolatría puede conducir a la inmoralidad sexual. En primer lugar, las personas no glorificaron a Dios, adoraron ídolos (dieron culto a las criaturas antes que al Creador). Luego, avanzaron hacia la esfera de la inmoralidad sexual. Aunque la influencia de Jezabel no se limita a la actividad homosexual, sino a cualquier forma de inmoralidad sexual, el engaño de Jezabel es lo que provoca que los homosexuales, lesbianas, bisexuales y transexuales crean que pueden abrazar voluntariamente estas abominaciones, sin nunca declarar la guerra a la tentación y todavía entrar en el Reino de los cielos (ver 1 Corintios 6:9). Dios ama a los homosexuales, pero no tolerará para siempre la inmoralidad sexual voluntaria y obstinada.

Leamos la siguiente etapa de esta progresión pecaminosa.

"Y como ellos no aprobaron tener en cuenta a Dios, Dios los entregó a una mente reprobada, para hacer cosas que no convienen; estando atestados de toda injusticia, fornicación, perversidad, avaricia, maldad; llenos de envidia, homicidios, contiendas, engaños y malignidades; murmuradores, detractores, aborrecedores de Dios, injuriosos, soberbios, altivos, inventores de males, desobedientes a los padres, necios, desleales, sin afecto natural, implacables, sin misericordia; quienes habiendo entendido el juicio de Dios, que los que practican tales cosas son dignos de muerte, no sólo las hacen, sino que también se complacen con los que las practican".

Romanos 1:28–32

Es aquí donde la religión de Jezabel quiere atraer a cada creyente nacido de nuevo. El engaño de Jezabel prevalece en nuestra sociedad secular, pero no se satisface con eso. Jezabel quiere convertir a los hijos de Dios en eunucos que, en última instancia, lleguen a aborrecer a Dios. Hay muchos pasos a lo largo del camino para llegar a tener una mente reprobada y cualquiera puede arrepentirse y dar la espalda a nuestro amoroso Dios en cualquier momento. Pero cualquiera que entra más profundamente en el engaño de Jezabel se da cuenta de que cada vez se hace más difícil sentir la convicción del Espíritu Santo y, con el tiempo, la paga del pecado es la muerte (ver Romanos 6:23).

Jezabel se infiltra en el movimiento profético

Ahora ya puede entender la religión de Jezabel, la manera en que ha influido en los cultos y la manera en que Jezabel guía a sus seguidores hasta su malvado fin. Pero, ¿ha pensado en las formas más sutiles en las que Jezabel se ha infiltrado en el movimiento profético moderno en la Iglesia Cristiana auténtica? Sabemos que el espíritu de Jezabel controló ampliamente el movimiento profético de Israel en el Antiguo Testamento. Pero, ¿puede discernir la influencia de Jezabel sobre algunos campos proféticos de la Iglesia actual?

La religión de Jezabel

Piense en esto por un momento. Algunas superestrellas proféticas son exaltadas hasta llegar a un estatus de semidioses. Eso, amado, es idolatría. Las personas corren a las conferencias y hacen filas en colas de oración con ofrendas de $1,000 deseando recibir una palabra profética, en vez de buscar al mismo Dios por dirección. Es una venta publicitaria del Espíritu Santo. Pero el Espíritu Santo no está a la venta, ni sus dones tampoco. La Biblia afirma que la codicia (el deseo excesivo de riquezas o posesiones) es idolatría (ver Colosenses 3:5). Esta idolatría puede conducir a los profetas derecho a las garras de la inmoralidad sexual de Jezabel, como vimos en Romanos 1. Todo forma parte de la religión de Jezabel y la religión de Jezabel alimenta a los falsos profetas.

En su Sermón del Monte Jesús cerró con una palabra acerca de los falsos profetas. Alertó a los que le escuchaban que tuvieran cuidado de los falsos profetas, que venían vestidos de ovejas, pero que por dentro eran lobos rapaces. Es decir, parecían verdaderos pero tenían motivaciones homicidas. Jesús dijo que conoceríamos a los falsos profetas por sus frutos. Pero luego dijo algo impactante:

"No todo el que me dice: Señor, Señor, entrará en el reino de los cielos, sino el que hace la voluntad de mi Padre que está en los cielos. Muchos me dirán en aquel día: Señor, Señor, ¿no profetizamos en tu nombre, y en tu nombre echamos fuera demonios, y en tu nombre hicimos muchos milagros? Y entonces les declararé: Nunca os conocí; apartaos de mí, hacedores de maldad".

Mateo 7:21–23

¿Profetizamos, echamos fuera demonios e hicimos muchos milagros? Esas palabras clave describen el ministerio profético. Jezabel quiere conducir y, de hecho, está conduciendo, a algunos dentro del movimiento profético moderno a la práctica de la ilegalidad. Esas son las personas que profetizan con gran exactitud, echan fuera demonios con mucho éxito y hacen muchos milagros en el nombre de Jesús. Imagínese la sorpresa cuando algunos de estos ministros traten de entrar en el reino de los cielos solo para descubrir que los han engañado y los han conducido a creer en una religión falsa. Jezabel los ha embaucado.

6

¿Estamos glorificando a Jezabel?

Algunas personas siempre recordarán dónde estaban cuando Neil Armstrong dio "un salto agigantado por la humanidad" en una caminata lunar televisada. Otras siempre recordarán dónde estaban cuando Walter Cronkite anunció, con lágrimas en los ojos, que John F. Kennedy había muerto. Aún otras siempre recordarán dónde estaban cuando dos aviones de pasajeros se estrellaron contra las icónicas Torres Gemelas el 11 de septiembre del 2001. Soy demasiado joven como para recordar los primeros dos incidentes y nunca podré olvidar el 9/11. Pero hubo otro momento en mi vida tan dramático para mí personalmente que dejó una marca indeleble en mi memoria. Siempre recordaré el momento cuando por primera vez me di cuenta de que Jezabel había apuntado a mi vida para destruirla. Fue uno de esos momentos de lucidez que cambian la vida; una ráfaga de comprensión que abrió mis ojos a las mortíferas operaciones de este principado y sus hechizos.

Esta es la versión condensada: Un joven de mi iglesia estaba interesado en mí románticamente, pero yo no sentía lo mismo. Con el deseo de desatar una clase de competencia torcida a su favor, creó grandes (y perversas) mentiras acerca de que tenía una relación con mi mejor amiga. Cuando su mentira salió a la luz y yo dejé claro que tenía que salir de mi vida en todos los niveles, en vez de esto comenzó a acecharme.

Con el tiempo, uno de los pastores le pidió que no regresara a nuestra iglesia porque estaba operando bajo un espíritu seductor y controlador y no recibiría consejos. Era una persona inestable y la situación se tornaba cada vez más peligrosa. Cuando digo que me estaba acechando, lo digo en el sentido literal. Estaba bajo la influencia del espíritu de Jezabel. No era la primera vez que Jezabel me había convertido en objeto de su ataque. Simplemente fue la primera vez que entendí quién era el enemigo.

Lo que ahora llamo "la revelación de Jezabel" al principio fue liberador. La revelación de Jezabel explicó la naturaleza de los ataques espirituales que había experimentado durante décadas. Cuando finalmente discerní la tarea jezabélica contra mi vida, evidente en las amenazas de este joven, me quedé literalmente boquiabierta. En un instante comprendí por qué el enemigo se había empeñado en la misión de matarme, robarme y destruir mi vida.

Caer en la zanja de Jezabel

Seré honesta. Al principio me sentí de alguna manera importante porque Jezabel había escogido a "alguien tan pequeño como yo". A medida que estudié todos los materiales que podía encontrar acerca de este principado, adquirí mayores habilidades para identificar al espíritu de Jezabel y tuve la fe para vencerlo. Sin embargo, antes de que pasara mucho tiempo, estaba involuntariamente glorificando a Jezabel y todavía no tenía una comprensión total de aquello contra lo que estaba luchando.

¿Estamos glorificando a Jezabel?

Aunque siempre recordaré el momento en que obtuve la revelación de la existencia de Jezabel, también recordaré cuán desbalanceada estaba con respecto a esa revelación. Como dije, fue liberador comprender que Jezabel estaba trabajando para robar, matar y destruir a través de un joven que me estaba acechando. Cuando descubrí el nombre *Jezabel*, ya no estaba dando golpes al aire, por así decirlo, porque había identificado al enemigo.

En mi inmadurez, sin embargo, y basada en una comprensión incompleta, declaré la guerra a Jezabel y comencé a culpar a este espíritu por todo lo malo que sucedía en mi vida. Pensaba que cada obstáculo era Jezabel. De modo que me dediqué a "atar" a este espíritu cada vez que algo no me salía de la manera en que lo había planificado. Me levantaba contra Jezabel en una guerra espiritual cada vez que encontraba a alguien que yo pensaba que estaba tratando de controlarme o manipularme. Ponía a Jezabel bajo mis pies cada mañana cuando me levantaba con una lista de confesiones para apartarla como si fuera una clase de vampiro temeroso de la luz del día.

Cuando mi computadora se bloqueaba: "Te ato, Jezabel. ¡Bruja indeseable!". Cuando se me desinflaba una llanta: "Te ato, Jezabel. ¡Bruja indeseable!". Cuando tenía un mal día: "Te ato, Jezabel. ¡Bruja indeseable!". Al mirar atrás, me doy cuenta del peligro que eso significaba. Pero eso fue lo que me enseñaron a hacer los líderes espirituales que me rodeaban, quienes a menudo levantaban sus voces contra este espíritu malvado hasta el punto de quedarse roncos.

Comencé a darme cuenta de que este era un ejercicio en la carne y que no producía ningún fruto: todas las ataduras nunca parecían mantener a Jezabel a raya. Los profetas de aquella iglesia tenían sueños de Jezabeles de cabello rojo que trataban de adueñarse del grupo de jóvenes y visiones de Jezabeles con sombreros negros que llevaban armas a la iglesia para dispararle al pastor y "pruebas" de Jezabeles que se infiltraban en los diferentes departamentos de la iglesia. Tal parecía que toda la gritería solo conducía a más ataques y menos victorias. Jezabel era el centro de una guerra constante. La iglesia había desarrollado una cultura de Jezabel. Jezabel estaba detrás de cada puerta. Si alguien se enfermaba, eran las artimañas de Jezabel. Si alguien no quería venir a la iglesia, eran las imaginaciones de Jezabel. Si alguien tenía una opinión firme que no concordaba con la del pastor, era el control de Jezabel. Jezabel era exaltada y muy pocos se daba cuenta de que Jezabel se había apoderado de la iglesia.

Muy pronto se hizo evidente. Cuando Jezabel domina en una iglesia, las manifestaciones de inmoralidad e idolatría prevalecen. He visto muchos ejemplos de esto: miembros del equipo de adoración que tienen aventuras románticas, traductores que van a los campos misioneros drogados, el abuso espiritual que desarma a las personas del conocimiento de quiénes son en Cristo.

¿Debemos ignorarlo?

El espíritu de Jezabel está vivo y ocupado en llevar a cabo su agenda. Pero ignorar el espíritu de Jezabel es violar las Escrituras. Jesús no ignoraba el lado oscuro. Jesús se refirió a la obra del diablo en la parábola del sembrador (ver Lucas 8:12) y Juan deja claro que Jesús vino para "deshacer las obras del diablo" (ver 1 Juan 3:8). Pedro nos dice que seamos sobrios y velemos por una buena razón: Vuestro adversario el diablo, como león rugiente, anda alrededor buscando a quién devorar (ver 1 Pedro 5:8). Pablo habla de las personas que caen en el lazo del diablo (ver 1 Timoteo 3:7) y cómo el diablo los lleva cautivos a voluntad de él (ver 2 Timoteo 2:26). Se supone que debemos resistir al maligno (ver Santiago 4:7) y no ignorar sus maquinaciones (ver 2 Corintios 2:10–11).

Todos nosotros podemos aplicar esos pasajes de las Escrituras al espíritu de Jezabel. Jesús no ignora a "esa mujer

Jezabel". Nos alertó acerca de Jezabel de modo que pudiéramos declararle la guerra. Por tanto, repito, decidir conscientemente ignorar este espíritu sería violar las Escrituras. Necesitamos enseñanzas que expongan a Jezabel y que equipen a los santos para derrotarla. Pero enfocarse excesivamente en Jezabel y en otras enseñanzas de guerra espiritual a expensas de un Evangelio balanceado también es un error.

Permítame hacer una declaración concreta: algunos campos en el Cuerpo de Cristo en la actualidad no solo están abriendo las puertas a la influencia de Jezabel, están de hecho glorificando a este espíritu malvado. No, el predicador no se pone de pie y aprueba las obras de Jezabel. Más bien es lo contrario: condena a Jezabel. Pero si el predicador habla acerca del poder y las artimañas de Jezabel con mucha frecuencia, las ovejas muy pronto le darán a este principado la preeminencia que pertenece a Jesús. En otras palabras, algunos predicadores están exaltando a Jezabel. En la mayoría de los casos esto se hace de una manera ignorante, pero creo que algunos lo hacen para sacar provecho. Jezabel es un buen negocio.

¿Qué espíritu estamos utilizando?

Dios deja claro que no dará su gloria a otro: "Por mí, por amor de mí mismo lo haré, para que no sea amancillado mi nombre, y mi honra no la daré a otro." (Isaías 48:11). Cuando estamos adorando a alguien o a algo que no sea Dios, estamos dando su gloria a otro. Cuando nos enrolamos en la idolatría de cualquier forma, estamos dando su gloria a otro. Cuando pasamos más tiempo enseñando, predicando, orando y profetizando acerca de Jezabel que adorando a Dios, estamos dando su gloria a otro.

A pesar de las advertencias bíblicas acerca de la idolatría, algunos predicadores han establecido a Jezabel como una estrella de rock demoniaca que debe ser tanto despreciada como reverenciada. Algunos usan a Jezabel como un tema popular para un sermón que une a la congregación contra un enemigo común. Algunos se han dado cuenta de que los artículos acerca de Jezabel aumentan el tráfico en sus sitios web. Algunos han descubierto que los libros y los CD acerca de Jezabel se venden muy bien, de modo que han tratado el tema repetidamente para aumentar el dinero en sus bolsillos.

Jezabel se alimenta de la gloria. Piense en esto: glorificar a Jezabel es una forma de idolatría. La definición más simple de *ídolo* es "un dios falso". El diccionario define la palabra *ídolo* como "una representación o un símbolo de un objeto de adoración". Otra definición es "farsante, impostor". Aún otra definición es "un objeto de extrema devoción, una concepción falsa". En algunas iglesias, Jezabel asume una posición prominente no por lo que está haciendo este principado en realidad, sino por lo que la congregación *asume* que está haciendo. En algunas iglesias llenas del Espíritu en la actualidad, al diablo y los demonios se les da más gloria que al Padre, al Hijo y al Espíritu Santo.

Recuerdo una ocasión en la que llegué a un servicio de una iglesia justo cuando estaba comenzando la música de alabanza y adoración. El líder de adoración empezó a gritar al maligno y a decir cosas muy fieras. La música alta y resonante lo acompañaba. Una y otra vez "ataba" a Jezabel, a la brujería, al espíritu de religión y a otros demonios.

Esto no fue solo un segmento de introducción de la adoración; fue un tema presente a lo largo de todo el servicio. ¿Puede imaginar la impresión que causó en las almas perdidas que habían entrado por la puerta buscando a Jesús? Escuchamos muy poco acerca de Jesús, excepto cuando se ataban los demonios en su nombre. Canción tras canción hablaba del enemigo y de tomar autoridad sobre él y se obviaba el hecho de dar honor y gloria a nuestro Dios. La atmósfera era más la de un campo de batalla que la de un santuario. Era demasiado para mí y eso es mucho decir pues yo sería la primera que iría a una reunión de guerra espiritual.

Una de las personas que estaban saludando debió haber visto el aire de preocupación en mi rostro. Se acercó y susurró: "Este es un servicio especial debido a Halloween y a toda la interferencia de las brujas".

Le di a la iglesia el beneficio de la duda y regresé en otra ocasión. Después de todo, las brujas trabajan tiempo extra en Halloween y hay época y temporadas para enfocarse en la guerra espiritual. Pero esta iglesia no estaba meramente en una época o una temporada. Una vez más el servicio giró acerca de atar al diablo y a los demonios. En algunas ocasiones exaltaban a Jesús. Pero la alabanza, la predicación, la oración y la profecía estaban enfocadas en varios demonios, con Jezabel al frente.

El peligro de exaltar a los demonios

Permítame repetirlo una vez más: En vez de exaltar a Cristo desde la plataforma, algunas iglesias han caído en la trampa de exaltar a los demonios. Es probable que no se den cuenta de lo que están haciendo, pero de todas formas lo están haciendo. Si no es Jezabel, es Acab, Absalón, la religión, la brujería, algún otro demonio con nombre o el propio Satanás. Estas mismas iglesias se preguntan por qué los miembros de la congregación están cayendo en la inmoralidad, la idolatría y otros pecados. Se preguntan por qué se están manifestando pensamientos impíos y enfermedades terribles en vez de verdaderas declaraciones proféticas y sanidad divina.

Le aseguro que, hasta cierto punto, obtenemos lo que predicamos. Dicho de otra forma, la fe viene por el oír, de modo que los mensajes que escuchamos conforman lo que creemos. También nos hacemos más conscientes de aquello en lo que estamos enfocados. Si estamos interesados en comprar un Toyota rojo nuevo, nos fijaremos en todos los Toyotas rojos y nuevos que nos encontremos en la carretera. Igualmente, si estamos predicando a Jesús,

Jesús nos atraerá a sí mismo (ver Juan 12:32). Tendremos más fe en Jesús y veremos más de la obra de Jesús en nuestras vidas.

¿Qué sucede, entonces, si nuestras iglesias predican más acerca de principados, potestades, gobernadores de las tinieblas de este siglo y huestes espirituales de maldad en las regiones celestes que de Jesús? ¿Qué pasa si estamos predicando más acerca del poder de los demonios que del poder de Dios? Esos mensajes conforman lo que creemos y aquello en lo que nos enfocamos y la sospecha de demonios detrás de todas las puertas remplazará al discernimiento verdadero.

No me malinterprete. Creo en la guerra espiritual y creo en usar la autoridad que Dios me ha dado para atar al espíritu de Jezabel y cualquier otro espíritu que se interponga en el camino para llevar a cabo la voluntad de Dios. Creo que necesitamos enseñanzas acerca de Jezabel y de otros temas de guerra espiritual. Pero cuando se produce un desbalance y las personas están aprendiendo más acerca de la maldad que acerca de Dios, se abre la puerta al engaño. Nos convertimos en aquello que glorificamos; nos transformamos en la imagen de lo que adoramos. Si estamos glorificando a dioses falsos como Jezabel, creo que llegaremos a tener sus características.

Esto es bíblico. Cuando los israelitas adoraban a los ídolos, se volvían como ellos y no podían sentir, ni ver, no oír (ver Deuteronomio 29:4). Dios envió a Isaías, diciendo:

"Anda, y di a este pueblo: Oíd bien, y no entendáis; ved por cierto, mas no comprendáis. Engruesa el corazón de este pueblo, y agrava sus oídos, y ciega sus ojos, para que no vea con sus ojos, ni oiga con sus oídos, ni su corazón entienda, ni se convierta, y haya para él sanidad".

Isaías 6:9–10

La confesión de nuestra boca (así como nuestras elecciones y acciones) le da a Dios o a los demonios el dominio sobre nosotros. Cuando los creyentes confiesan el poder de Jezabel, puede que estén menospreciando el poder de Jesús. Debemos conocer a nuestro enemigo, pero no debemos exaltar a nuestro enemigo. Glorificar a los demonios ya sería peligroso si Jezabel fuera solamente un espíritu de control y manipulación. Pero cuando comprendemos que Jezabel es el espíritu de seducción que nos conduce a la inmoralidad y la idolatría, el asunto se vuelve más serio.

Una cultura de Jezabel

El espíritu de Jezabel de hecho preferiría que usted nunca sepa que está operando en su medio. Pero una vez que usted ve el espíritu de Jezabel manifestándose, éste querrá toda su atención. Demasiados creyentes llenos del Espíritu están justo como yo estuve una vez, desequilibrados y dándole a Jezabel demasiado crédito. Básicamente fui de un extremo de total ignorancia acerca de Jezabel al extremo de excesos.

Pedro escribió esto: "Sed sobrios, y velad; porque vuestro adversario el diablo, como león rugiente, anda alrededor buscando a quien devorar" (1 Pedro 5:8). Cuando nos enfocamos demasiado en Jezabel, o en la guerra espiritual en general, entonces corremos el riesgo de construir una cultura de guerra espiritual en vez de una cultura de Jesús.

Si estamos viviendo en una guerra constante sin temporadas de descanso, le aseguro que algo anda mal. Jesús dijo: "Venid a mí todos los que estáis trabajados y cargados, y yo os haré descansar" (Mateo 11:28). Cuando la guerra espiritual se vuelve intensa, y ciertamente se vuelve intensa en algunas temporadas, podemos ir a Jesús. "El que habita al abrigo del Altísimo morará bajo la sombra del Omnipotente" (Salmo 91:1).

Bajo la sombra del Omnipotente implica lejos de Jezabel. El escritor de Hebreos lo dice de esta forma:

Manual del guerrero espiritual para derrotar a Jezabel

"Por tanto, nosotros también, teniendo en derredor nuestro tan grande nube de testigos, despojémonos de todo peso y del pecado que nos asedia, y corramos con paciencia la carrera que tenemos por delante, puestos los ojos en Jesús, el autor y consumador de la fe, el cual por el gozo puesto delante de él sufrió la cruz, menospreciando el oprobio, y se sentó a la diestra del trono de Dios".

Hebreos 12:1–2

El Señor promete guardarnos en perfecta paz si nuestros pensamientos perseveran en Él (ver Isaías 26:3). Es difícil caminar en paz cuando está presente el temor por los ataques de Jezabel a la vuelta de la esquina.

Discernir cuándo pelear

El predicador dijo que hay un tiempo de guerra y un tiempo de paz (ver Eclesiastés 3:8). Los santos maduros, los que no están en una zanja espiritual, pueden discernir la temporada y responder apropiadamente.

Sí, hay una temporada cuando los reyes van a la guerra (ver 2 Samuel 11:1). Si usted no va a la guerra cuando se le llama a ir a la guerra, entonces está fuera de la voluntad de Dios y abre la puerta para que el enemigo lo tiente a caer en pecado. Si no va a la guerra contra el espíritu de Jezabel, si tolera al espíritu de Jezabel, si le da alguna oportunidad en su vida, lo más probable es que este principado lo seduzca a cometer inmoralidad sexual e idolatría.

Vemos esto en la vida del rey David. Durante la primavera, que es el tiempo en que los reyes iban a la guerra, David envió a Joab para que guiara a Israel en la guerra contra el pueblo de Amón. David era el comandante en jefe del ejército y un poderoso guerrero. David debió haber sido el que guiara a Israel en la batalla, pero le dio esta autoridad a Joab. David debió haber corrido a la línea de batalla como lo hizo cuando conquistó a Goliat, pero le dio ese trabajo a otros. David permaneció en Jerusalén. Su ejército pudo haber conquistado a los amonitas, pero el espíritu de Jezabel lo conquistó en esa temporada a través de los deseos de la carne.

Usted conoce la historia. Mientras estos hombres estaban luchando en el campo de batalla, David estaba tomando una siesta. Se dice que la mente ociosa es taller del diablo. David fue una prueba de eso mientras estaba en el balcón de su palacio. En vez de ayunar y orar por su ejército, David se dedicó a mirar a una mujer bañándose. En vez de alejarse, creo que escuchó los susurros de Jezabel y cedió a los deseos de los ojos. David averiguó acerca de la mujer y le dijeron que era la esposa de Urías el heteo. El hecho de que era una mujer casada no impidió que David cometiera inmoralidad sexual.

Tampoco vemos nada en la Palabra que nos indique que David se arrepintió inmediatamente después de haber pecado. Por el contrário, cuando supo que Betsabé estaba embarazada, se las arregló para asesinar a Urías, un fiel soldado de su ejército. ¿Quién cree que estaba susurrando ideas al oído de David para que cometiera asesinato? ¿Sería posible que Jezabel, el espíritu de idolatría e inmoralidad, el mismo espíritu que lo sedujo a él a la idolatría a través del deseo de los ojos y del deseo de la carne, sugiriera la "solución"?

Mientras piensa en esto, piense también en que si Jezabel pudo seducir a David, un hombre conforme al corazón de Dios, entonces también puede seducir a cualquiera que no camine según la Palabra de Dios. Nadie está exento.

La persecución de los
verdaderos profetas

El espíritu de Jezabel es un enemigo del movimiento profético, como lo ha sido durante siglos. Pero la tarea de Jezabel en los últimos días luce un poco diferente de su agenda en 1 Reyes.

La reina Jezabel solo quería el poder y la autoridad en el reino de Israel. Trabajó para lograr esto, en parte, apagando las voces proféticas en la tierra y usurpando la autoridad del rey. El espíritu de Jezabel que se está levantando en los últimos días quiere más que poder y autoridad en Israel: este principado desea autoridad sobre las naciones.

Jezabel no se siente satisfecha con conquistar a las almas perdidas: Jezabel también quiere engañar a los santos para que salgan del Reino de Dios y vayan de vuelta al reino de la oscuridad del que fueron librados. Jezabel trabaja para apagar el fuego del Espíritu Santo en los corazones de los creyentes comprados por sangre y conducirlos derecho al fuego del infierno por la eternidad. Jezabel trabaja para lograr esto silenciando las voces de los profetas. Una vez que lo logra, puede engañar más fácilmente a las personas para conducirlas a la idolatría y a la inmoralidad sexual y, en última instancia, a su destrucción total.

En el Antiguo Testamento leemos que la reina Jezabel masacró a muchos profetas de Jehová. Abdías, un hombre con un saludable temor de Dios, escondió a cien profetas en dos cuevas, cincuenta en cada cueva (ver 1 Reyes 18:4). Fielmente los alimentó con pan y agua, pero esto probablemente solo era suficiente para mantenerlos vivos. Mientras tanto, los falsos profetas de Jezabel, 450 profetas de Baal y 400 profetas de Asera, celebraban banquetes a diario (ver 1 Reyes 18:19). Durante el reinado del rey Acab, la verdadera voz profética en la tierra era apagada mientras las falsas voces proféticas florecían.

Mientras la reina Jezabel vivió, los profetas permanecieron escondidos en cuevas por temor de perder la vida. El espíritu de Jezabel, vivo en la actualidad, también persigue a los profetas, aunque de formas diferentes. En primer lugar, los mantiene escondidos si caen en pecado porque la culpa los domina. Si Jezabel puede enredar a los hombres y mujeres de Dios, las voces proféticas de esta generación, en el pecado sexual, los desmanes financieros y otras formas de idolatría, este espíritu malvado puede disolver sus mensajes y, en última instancia, desmantelar sus plataformas. Después de todo, ¿cuán confiable es el profeta que cae en un pecado sexual o en sanidades falsas o en negocios turbios?

No se confunda, incluso si el pecado de alguien no está expuesto ante el mundo, sus luchas internas hacen que sea menos efectivo en el ministerio y lo ponen en riesgo de convertirse en una marioneta de Jezabel. Los profetas que ignoran la convicción de pecado del Espíritu Santo con el tiempo caerán en un gran engaño.

Aquellos profetas que se arrepienten de sus pecados a

La persecución de los verdaderos profetas

menudo enfrentan una clase de reto diferente, ya que los humanos no siempre perdonan y olvidan tan rápido como nuestro amoroso Señor Dios todopoderoso. Solo eche un vistazo a los ministerios de los líderes que han caído en pecados sexuales o financieros. Incluso si han sido restaurados, tienden a perder un gran porcentaje de sus seguidores y sus ministerios casi nunca se recuperan del escándalo.

Pero incluso los profetas que se levantan a favor de la justicia y se niegan a caer en las garras de las seducciones de Jezabel no están exentos de sufrir oposición: usualmente enfrentarán persecución por predicar, enseñar y vivir un mensaje auténtico. Yo hablo mucho acerca de la inmoralidad sexual, por ejemplo, y sufro una fuerte oposición por parte de los activistas homosexuales radicales. La oposición también puede venir de las personas que van a la iglesia pero que puede que no les guste el clamor del profeta que nos pide que evitemos las artimañas de este mundo, como las presentaciones televisivas semipornográficas que vemos en los horarios de mayor audiencia.

Recuerde las palabras de Pablo: "Y también todos los que quieren vivir piadosamente en Cristo Jesús padecerán persecución; mas los malos hombres y los engañadores irán de mal en peor, engañando y siendo engañados" (2 Timoteo 3:12–13).

Aunque los ministerios proféticos son víctimas favoritas del ataque de Jezabel, no hay que tener el oficio de profeta para convertirse en un blanco de sus ardides. Si usted ha nacido de nuevo y está lleno del Espíritu, usted tiene la voz profética del Señor. Usted es un representante del Reino de Dios. Y Jezabel lo odia.

El desprecio por el Señor

Todos hemos pecado y hemos sido destituidos de la gloria de Dios (ver Romanos 3:23). Si decimos que no tenemos pecado, nos engañamos a nosotros mismos, y su palabra no está en nosotros (ver 1 Juan 1:10). El punto es, todos pecamos más de lo que quisiéramos admitir, ya sea de palabra o hecho, ya sea por comisión u omisión.

Aunque pecado es pecado, tendemos a pensar que algunos pecados, como la fornicación, son más serios que otros pecados y de hecho creo que las Escrituras afirman que los pecados sexuales son más serios que, digamos, las malas palabras. Pablo explicó esto de la siguiente forma a la iglesia de Corinto:

> ¿O no sabéis que el que se une con una ramera, es un cuerpo con ella? Porque dice: Los dos serán una sola carne. Pero el que se une al Señor, un espíritu es con él. Huid de la fornicación. Cualquier otro pecado que el hombre cometa, está fuera del cuerpo; mas el que fornica, contra su propio cuerpo peca. ¿O ignoráis que vuestro cuerpo es templo del Espíritu Santo, el cual está en vosotros, el cual tenéis de Dios, y que no sois vuestros? Porque habéis sido comprados por precio; glorificad, pues, a Dios en vuestro cuerpo y en vuestro espíritu, los cuales son de Dios.
>
> 1 Corintios 6:16–20

En este sentido, creo que la idolatría y la inmoralidad son pecados más serios que la murmuración o que juzgar a un hermano o a una hermana. La idolatría y la inmoralidad demuestran un desdén por los mandamientos del Señor y por el propio Señor. Cuando David fue sorprendido en adulterio con Betsabé, el profeta Natán le hizo una aguda pregunta:

> "¿Por qué, pues, tuviste en poco la palabra de Jehová, haciendo lo malo delante de sus ojos? A Urías heteo heriste a espada, y tomaste por mujer a su mujer, y a él lo mataste con la espada de los hijos de Amón. Por lo cual ahora no se apartará jamás de tu casa la espada, por cuanto me menospreciaste, y tomaste la mujer de Urías heteo para que fuese tu mujer".
>
> 2 Samuel 12:9–10

La persecución de los verdaderos profetas

John Paul Jackson, autor de *Desenmascarando al espíritu de Jezabel*, destacó en su editorial de Streams Ministries que cualquiera puede ser presa del pecado, pero que las personas con don de profecía parecen ser especialmente propensas a caer en pecados sexuales. Jackson razona que esto podría deberse a la sensibilidad elevada que viene con el don profético.

En muchos casos, los profetas han experimentado el rechazo tan a menudo que albergan profundos sentimientos de inseguridad...

Además están prestos a recibir la aceptación de otros con los brazos abiertos, sin mantener una actitud de vigilancia. Por tanto, una persona con el don de profecía que no ha desarrollado la característica del refreno se convierte en una "presa accesible" para los tormentos y la atracción demoniaca. Si las personas con el don de profecía son inseguras y si su identidad radica en su don espiritual, estarán prestos a caer en cualquier cosa o ante cualquiera que les ofrezca amor y aceptación.

Con frecuencia, la tentación viene cuando están experimentando un momento de calma en su don o en su ministerio y cuando se están sintiendo inseguros. Si su don profético ha formado la base de su identidad, siempre que su percepción profética disminuya, lo mismo sucederá con su identidad. Por tanto, esa persona puede sentirse tentada a llenar el vacío con un arreglo temporal que prometa satisfacer su necesidad de ser valorada. El pecado sexual ofrece una gratificación instantánea y nuestra actual atmósfera social y moral solo viene a complicar aún más este problema.[1]

Aunque no sabemos con certeza lo que llevó a David, siendo profeta, a caer en el pecado sexual con Betsabé, opino que el espíritu de Jezabel engañó a su carne. Sabemos que David era muy

---

1 John Paul Jackson, "When Prophetic People Come Under Attack by Satan", Streams Ministries International Newsletter, julio 9, 2002, http://inJesús.com/message-archives/church-and-ministry/mercyandtruthlist/when-prophetic-peoplecome-under-attack-by-satan-questions. Usado con permiso. Copyright 2002 Streams Ministries International, www.streamsministries.com.

sensible al Espíritu Santo y, por tanto, como sugiere Jackson, era más sensible a otros espíritus. A pesar de su relación especial con el Señor y de su arrepentimiento, David enfrentó las consecuencias de su inmoralidad sexual y del asesinato que había cometido. Está claro que la inmoralidad sexual y el asesinato continuaron a través de sus generaciones.

El Señor toma en serio todos los pecados. Los odia debido al daño que causan a nuestras almas. Nos ama con pasión y el pecado nos separa de su presencia divina. La inmoralidad sexual de David quebrantó el corazón del Señor. Natán dijo que con ella había despreciado al Señor. Creo que cuando un cristiano comete inmoralidad sexual está quebrantando el corazón de Dios. Puede que la idolatría sea más sutil, pero la inmoralidad sexual es un insulto. La inmoralidad sexual es un pecado serio. Mientras más serio es el pecado, mayor es el sentimiento de culpa y la condenación que tienen lugar en el corazón de un creyente sincero.

Y ahí está la trampa: Los creyentes que luchan con la culpa y la condenación, ya sea por un pecado pasado o presente, no se sienten calificados para moverse en el Espíritu y, por tanto, dejan de ser efectivos en el Reino. En estos casos la voz profética se apaga. Algunos creyentes se las arreglan para vencer los sentimientos de condenación sin vencer el pecado. En estos casos, la voz profética se pervierte. Es decir, aquellos que se hunden en el pecado se convierten en oráculos inservibles y aquellos que ignoran la convicción se convierten en voces pervertidas.

Y esa es la agenda de Jezabel. Este principado primero trata de apagar la voz profética. Si eso no funciona, Jezabel se complace en pervertirla de modo que otros sean conducidos lejos de la verdad o se nieguen a escuchar las verdaderas declaraciones proféticas de la boca de esa vasija.

Los profetas y, ciertamente, cualquier creyente que continúe viviendo en inmoralidad, con el tiempo se encontrará con un hierro caliente que les cauterizará la conciencia (ver 1 Timoteo 4:1–2). Continúan dirigiendo la adoración el domingo en la mañana a pesar de que se emborrachan en el club todos los sábados por la noche. Continúan viajando a las naciones a pesar de que se reúnen con prostitutas después de los servicios nocturnos. Irónicamente, puede que incluso incrementen las obras en su ministerio a pesar de que Jezabel los está guiando. El engaño es sutil y muy pocos reconocen estas manifestaciones como la influencia de este espíritu. Puede que vean el pecado, pero no están conectando los puntos que conforman la figura de Jezabel.

Y, como hemos visto, algunos líderes saben exactamente lo que está sucediendo pero no tratan de ayudar a estas personas a ver el peligro. No tratan con aquellos en su medio que están llevando estilos de vida inmorales e idólatras justo frente a sus narices. Ya sea porque les falte valor para confrontar al maligno o porque quieran que los "intocables" continúen en sus ministerios, toleran a Jezabel.

Con el tiempo, el enemigo conducirá a los creyentes con la conciencia cauterizada hacia un engaño más y más profundo a medida que continúan corrompiendo sus espíritus, lanzándolos incluso a las cosas ocultas en su búsqueda de experiencias sobrenaturales. En los últimos días, las falsas enseñanzas proféticas engañarán a mucha gente y el amor, aquello por lo que precisamente Jesús dijo que el mundo conocería que somos sus discípulos (ver Juan 13:35) parecerá un montón de cenizas en vez de una llama ardiente para Cristo. Inspirada por el propio Satanás, Jezabel está en el frente de este engaño de los últimos tiempos.

El rol de pagos de Jezabel

Aunque Jezabel persigue a los profetas que se niegan a inclinarse ante sus enseñanzas idólatras e inmorales, vemos que provee abundantemente para los profetas que están dispuestos a comprometer su servicio a Jehová a cambio de fama y apoyo financiero.

Observe este contraste. Había cien profetas verdaderos de Dios viviendo en cuevas. La Biblia no ofrece ninguna explicación acerca de las condiciones dentro de estas cuevas pero, con toda seguridad, las condiciones dentro de ellas estaban muy lejos de las comodidades en las que recuestan la cabeza algunos profetas de la época moderna mientras viajan de iglesia en iglesia levantando grandes ofrendas por profecías cuestionables. (No estoy en contra de quedarse en un buen hotel. Estoy en contra de trasquilar a las ovejas para hacerlo). El punto es este: las cuevas son moradas humildes. Los verdaderos profetas de Dios estaban escondidos en moradas humildes, probablemente oscuras, húmedas e incómodas y se alimentaban con pan y agua. Esto era aún más extremo que el estilo de vida de Juan el Bautista. Al menos Juan era libre para moverse en el desierto en busca de langostas y miel sin temor de que Jezabel lo matara. El estilo de vida de cien profetas que vivían en cuevas también era más extremo que el punto más bajo de Elías, cuando las aves le traían pan y carne cada mañana y cada noche (ver 1 Reyes 17:6).

Por otra parte, los profetas de Jezabel comían como reyes. Estos profetas estaban en la nómina del estado y vivían la buena vida, todo a cambio de decirle a Jezabel lo que quería escuchar. Jezabel empleó a 450 profetas de Baal y a 400 profetas de Asera. Para continuar con la comparación, suponga que alimentar a cada uno costaba alrededor de $15 diarios. Mantener a estos profetas en la nómina le costaba al reino de Israel $12,750 diarios. Eso es más de $4.6 millones al año.

El reino de Israel en esencia pagaba millones de dólares al año para mantener a estos falsos profetas. El dinero que pertenecía a Dios se estaba usando para hacer que el propio pueblo de Dios se alejara de Él y se volviera a otros dioses. ¡Qué trágico! Observe ahora a la iglesia en el mundo actual. ¿Cuántos millones de dólares están pagando los santos a los profetas de

La persecución de los verdaderos profetas

Jezabel, sin saberlo, para que les digan lo que quieren escuchar? ¿Cuántos diezmos y ofrendas que pertenecen a Dios se están usando para volver a las personas a los ídolos? La Biblia advierte acerca de esto:

> "Háblales, por tanto, y diles: Así ha dicho Jehová el Señor: Cualquier hombre de la casa de Israel que hubiere puesto sus ídolos en su corazón, y establecido el tropiezo de su maldad delante de su rostro, y viniere al profeta, yo Jehová responderé al que viniere conforme a la multitud de sus ídolos".
>
> Ezequiel 14:4

Es decir, Dios permitirá que el profeta le diga a esa persona lo que él o ella quiera escuchar. Como afirmó el ministro galés Matthew Henry: "Según los deseos de sus ídolos, los dejará que anden en la lujuria de su propio corazón y permitirá que sean tan malos como quieran ser, hasta que hayan llenado la medida de su iniquidad".

Es una historia triste. En vez de apoyar las misiones para que el Evangelio de Cristo se pueda predicar en todas las naciones, algunos cristianos están apoyando a los falsos profetas que los están conduciendo, a ellos y a muchos otros, a la idolatría, al profetizar conforme a la lujuria de sus corazones. Demasiados cristianos dependen de los profetas para que les transmitan lo que Dios está diciendo en estos tiempos. Esto lo sé porque a menudo las personas me escriben pidiéndome palabras proféticas (no estoy involucrada en esa práctica) y es fácil diseñar sitios web dedicados a vender profecías personales. Esto es parte del engaño de Jezabel y de su forma de desviar los fondos del verdadero trabajo del Reino para llevar a cabo sus propósitos.

Alejarse de la codicia, del pecado sexual y del orgullo

Creo que engañar a los profetas con dinero, posición u otras cosas es parte del plan de Jezabel en los últimos días, justo como sucedía en la época del Antiguo Testamento. Es por eso que es tan importante que los profetas se alejen de la codicia, de la inmoralidad y del orgullo. "Porque todo lo que hay en el mundo, los deseos de la carne, los deseos de los ojos, y la vanagloria de la vida, no proviene del Padre, sino del mundo" (1 Juan 2:16).

Piense en esto por un minuto. Jezabel estaba apoyando a 850 falsos profetas. Es probable que se sintieran superiores a los verdaderos profetas de Dios que estaban escondidos en cuevas. Les pagaban bien, los alimentaban bien, probablemente se vestían bien y eran reconocidos en la tierra como voces proféticas. Su prosperidad y estatus los validaban. Es probable que no tuvieran idea de que estaban siendo engañados. Incluso puede que hayan pensado que los verdaderos profetas de Dios eran los que estaban caminando en engaño. Esa es a menudo la forma que adopta un gran engaño.

Es por eso que es tan importante escuchar la advertencia de Pablo:

> "Haced morir, pues, lo terrenal en vosotros: fornicación, impureza, pasiones desordenadas, malos deseos y avaricia, que es idolatría; cosas por las cuales la ira de Dios viene sobre los hijos de desobediencia".
>
> Colosenses 3:5–6

Esta advertencia podría aplicarse a los peligros que implica Jezabel en este momento. Pablo se refirió específicamente a la idolatría y la inmoralidad y otra versión lo desglosa aún más para asegurar que los lectores reciban el mensaje alto y claro.

La persecución de los verdaderos profetas

La versión *The Message* [en inglés] deja aún más claro el punto de Pablo y mi punto acerca del peligro de caer en la codicia:

> Mientras tanto, estén contentos con la oscuridad, como Cristo. Y eso significa matar todo lo relacionado con ese camino de muerte: la promiscuidad sexual, la impureza, la lujuria, hacer cualquier cosa que quieran cuando quieran y tomar cualquier cosa que atraiga su fantasía. Esa es una vida moldeada por cosas y sentimientos en lugar de Dios. Es por cosas así que Dios está a punto de estallar de rabia. [Traducción]

Por favor, no me malinterprete. No estoy en contra de los profetas, ni de ningún siervo de Dios que prospere o cuyo nombre Dios exalte en el mundo. En lo absoluto. Cuando nos humillamos, Dios nos exaltará (ver Santiago 4:10). Cuando sembramos, cosecharemos. Pero Jezabel trabaja para engañar a los profetas y conducirlos a la codicia y a la idolatría, apelando a su naturaleza carnal. Es por eso que es tan importante caminar según el Espíritu y no según la carne:

> "Porque los que son de la carne piensan en las cosas de la carne; pero los que son del Espíritu, en las cosas del Espíritu. Porque el ocuparse de la carne es muerte, pero el ocuparse del Espíritu es vida y paz. Por cuanto los designios de la carne son enemistad contra Dios; porque no se sujetan a la ley de Dios, ni tampoco pueden; y los que viven según la carne no pueden agradar a Dios".
>
> Romanos 8:5–8

Pablo continuó explicando cómo la carne y el Espíritu se oponen. Justo después que escribió que "el deseo de la carne es contra el Espíritu, y el del Espíritu es contra la carne; y éstos se oponen entre sí, para que no hagáis lo que quisiereis" (Gálatas 5:17), listó las obras de la carne:

"Y manifiestas son las obras de la carne, que son: adulterio, fornicación, inmundicia, lascivia, idolatría, hechicerías, enemistades, pleitos, celos, iras, contiendas, disensiones, herejías, envidias, homicidios, borracheras, orgías, y cosas semejantes a estas; acerca de las cuales os amonesto, como ya os lo he dicho antes, que los que practican tales cosas no heredarán el reino de Dios".

Gálatas 5:19–21

Jezabel compra la lealtad de Balaam

¿Cómo luce un profeta cuando está bajo la influencia de Baal, uno de los dioses de Jezabel? Usted puede ver la influencia de Jezabel claramente en la historia del profeta Balaam. Cuando el rey de Moab, Balac, vio lo que Israel le había hecho a los amorreos y cómo esta nación estaba asustada y enferma de temor, envió mensajeros a Balaam. El rey Balac quería que Balaam maldijera a los israelitas y le ofreció dinero para lograr su propósito. La Biblia lo llama una dádiva de adivinación (ver Números 22:7).

Balaam buscó al Señor y lo escuchó claramente. Se aseguró de que los mensajeros del rey supieran que el Señor no le permitiría maldecir a los israelitas. De modo que Balaam se levantó por la mañana y dijo a los príncipes de Balac: "Volveos a vuestra tierra, porque Jehová no me quiere dejar ir con vosotros" (Números 22:13).

Pero Jezabel no desistió tan fácilmente. El siguiente movimiento de Balac fue ofrecer honor a Balaam junto con enormes sumas de dinero. Balaam buscó al Señor una vez más. Esta decisión muestra cuán insensible era Balaam realmente al corazón del Señor y que había un ídolo en su propio corazón que Jezabel podía persuadir.

¿Realmente pensaba Balaam que si el Señor le había dicho que no maldijera a los israelitas por dinero aceptaría que los maldijera a cambio de más dinero con un poco de honor añadido? Algo en Balaam, probablemente el orgullo y la ambición, además de la codicia, estaba deseando que el Señor se arrepintiera y le permitiera pronunciar la maldición. Pero era Balaam el que necesitaba arrepentirse.

Balaam dijo las palabras correctas con un lado de la boca: "Aunque Balac me diese su casa llena de plata y oro, no puedo traspasar la palabra de Jehová mi Dios para hacer cosa chica ni grande" (Números 22:18). Pero con el otro lado de la boca le pidió al príncipe que se quedara para poder preguntarle otra vez al Señor. ¡Oh, cuánto debe haberle dolido esto al Señor, quien le permitió seguir a los ídolos que había en su corazón! El Señor le dijo que fuera con los mensajeros y que hablara la palabra del Señor. Pero Dios estaba enojado con él (ver Números 22:22).

Para hacer la historia más corta, Balaam declaró bendiciones y no maldiciones sobre los israelitas. No obstante, Jezabel no desistió. Balaam con el tiempo cedió al oro, a la plata y al honor que le había ofrecido Balac como una estrategia que le permitiría derrotar a Israel.

¿Cuál fue el consejo de Balaam? Que las mujeres de Moab sedujeran a los hombres de Israel. Jezabel obró a través de Balaam para guiar a los israelitas a la inmoralidad sexual. Moisés describió esa estrategia en el libro de Números:

Entonces se levantó Balaam y se fue, y volvió a su lugar; y también Balac se fue por su camino. Moraba Israel en Sitim; y el pueblo empezó a fornicar con las hijas de Moab, las cuales invitaban al pueblo a los sacrificios de sus dioses; y el pueblo comió, y se inclinó a sus dioses. Así acudió el pueblo a Baal-peor; y el furor de Jehová se encendió contra Israel.

"Y Jehová dijo a Moisés: Toma a todos los príncipes del pueblo, y ahórcalos ante Jehová delante del sol, y el ardor de la ira de Jehová se apartará de Israel. Entonces Moisés dijo a los jueces de Israel: Matad cada uno a aquellos de los vuestros que se han juntado con Baal-peor. Y murieron de aquella mortandad veinticuatro mil".

Números 24:25; 25:1–5, 9

Moisés describió el castigo de los hijos de Israel en Números 31:16: "He aquí, por consejo de Balaam ellas fueron causa de que los hijos de Israel prevaricasen contra Jehová en lo tocante a Baal-peor, por lo que hubo mortandad en la congregación de Jehová".

Todos los israelitas que cometieron inmoralidades sexuales con mujeres moabitas murieron, ya fuera ahorcados o a causa de una plaga, otro ejemplo de cómo el hecho de abrazar las enseñanzas de Jezabel conduce a la muerte.

La influencia prevaleciente de Jezabel

Vale la pena mencionar el hecho de que, así como se menciona a Jezabel en el libro de Apocalipsis, también se menciona a Balaam. Jesús decidió sacar a la luz las concesiones que había hecho la iglesia de Pérgamo:

"Y escribe al ángel de la iglesia en Pérgamo: 'El que tiene la espada aguda de dos filos dice esto: Yo conozco tus obras, y dónde moras, donde está el trono de Satanás; pero retienes mi nombre, y no has negado mi fe, ni aun en los días en que Antipas mi testigo fiel fue muerto entre vosotros, donde mora Satanás. Pero tengo unas pocas cosas contra ti: que tienes ahí a los que retienen la doctrina de Balaam, que enseñaba a Balac a poner tropiezo ante los hijos de Israel, a comer de cosas sacrificadas a los ídolos, y a cometer fornicación. Y también tienes a los que retienen la doctrina de los nicolaítas, la que yo aborrezco'".

Apocalipsis 2:12–15

La persecución de los verdaderos profetas

¿Le suena familiar? Balaam y Jezabel se asocian ambos en la tarea de conducir al pueblo de Dios a la idolatría y a la inmoralidad sexual. Jesús dijo lo mismo acerca de Jezabel en Apocalipsis 2:20, apenas unos versículos más adelante. Esto no es coincidencia. ¿Pero cuál es la doctrina de los nicolaítas? ¿Y quiénes son los nicolaítas?

Los nicolaítas eran seguidores de Nicolaus, un hereje, y posiblemente eran una secta de los gnósticos. Practicaban y enseñaban doctrinas inmorales, incluyendo la promiscuidad sexual y que comer carne sacrificada a los ídolos era legal.

Aunque la historia de Balaam aparece en el libro de Números, la infamia de Balaam se encuentra a lo largo de todo el Antiguo y Nuevo Testamentos. Además de Números y Apocalipsis, las obras malvadas de Balaam se mencionan en Deuteronomio, Josué, Nehemías, Miqueas, 2 Pedro y Judas. ¿Cree que Dios está tratando de decirnos algo con esto? Pedro señala a Balaam como alguien que "amó el premio de la maldad" (ver 2 Pedro 2:15), y Judas menciona a Balaam como alguien que estaba tras el lucro (ver Judas 11). La codicia es un ídolo y Jezabel la usará para conducir a los profetas y a sus seguidores al fracaso.

Dios preserva un remanente

A pesar de la inmoralidad y de la idolatría que están presentes en la iglesia actual, la buena noticia es que Jezabel no está ganando. Realmente no. Elías se sintió como si estuviera solo en su batalla contra Jezabel y en su celo por el Señor. Pero no era el único profeta verdadero en la tierra. Más allá de los cien profetas, Dios tenía miles de otros seguidores que se negaron a alejarse de su voluntad.

Seguramente usted recuerda la historia en 1 Reyes 19. Elías estaba deprimido, luego de haber huido corriendo de Israel después de que Jezabel lo había amenazado de muerte por matar a sus falsos profetas en el Monte Carmelo. Descansó durante cuarenta días y cuarenta noches. Cuando Dios le preguntó a Elías qué estaba haciendo, el profeta se quejó:

> "He sentido un vivo celo por Jehová Dios de los ejércitos; porque los hijos de Israel han dejado tu pacto, han derribado tus altares, y han matado a espada a tus profetas; y sólo yo he quedado, y me buscan para quitarme la vida".
>
> 1 Reyes 19:10

Finalmente, el Señor le dijo a Elías que la ayuda estaba en camino a través de Eliseo y Jehú (ver 1 Reyes 19:17) y que se había reservado "en Israel siete mil, cuyas rodillas no se doblaron ante Baal, y cuyas bocas no lo besaron" (versículo 18).

A pesar del hecho de que las voces proféticas de nuestra generación se están metiendo en escándalos sexuales y financieros, Dios todavía tiene un remanente que permanece fiel a Él. Dios ciertamente ha apartado un remanente según su gracia, no por ninguna virtud especial de sus miembros. Creo que Jezabel "contra tu pueblo (el de Dios) ha consultado astuta y secretamente, y ha entrado en consejo contra tus protegidos" (Salmo 83:3), pero la gracia de Dios preservará este remanente.

Es verdad que algunas iglesias en el libro de Apocalipsis rechazan la influencia de Jezabel. Jesús felicitó a la iglesia en Éfeso por identificar a los falsos apóstoles y por odiar los hechos de los nicolaítas. Jesús también felicitó a la iglesia en Esmirna, que se conoce como la iglesia perseguida y, de hecho, no tuvo nada que decir contra ella. La iglesia en Filadelfia también fue hallada fiel. Y había un remanente en la iglesia de Esmirna que no había cedido a la corrupción.

Dios siempre preserva un remanente por su gracia. Oremos para que el Señor purifique nuestros corazones de modo que nos halle dignos de pertenecer a ese remanente. La otra alternativa pudiera ser el juicio.

8

Los juicios de Jezabel

Cuando pensamos en Jesús, pensamos en el amor, la humildad, la misericordia y la paciencia, y así debe ser. Dios es amor y Jesús es Dios. La Escritura nos asegura que "por la misericordia de Jehová no hemos sido consumidos, porque nunca decayeron sus misericordias. Nuevas son cada mañana; grande es tu fidelidad" (Lamentaciones 3:22–23). Podemos descansar en el hecho de que Dios nunca romperá su pacto con nosotros.

No, el Señor nunca nos abandona ni nos deja, pero a veces sus hijos lo abandonan o lo dejan a Él. Y a veces sus hijos ni siquiera se dan cuenta de que se están descarriando del rebaño y adentrándose en el engaño. De hecho, eso es parte del engaño de Jezabel. Este alejamiento es casi siempre lento y sutil a medida que Jezabel seduce a sus víctimas con ídolos hechos a mano para complacer los deseos de sus corazones. Para algunos es el dinero. Para otros es la fama. Para otros son algunos caminos de inmoralidad. Jezabel es paciente. Este principado observa y espera la oportunidad para atrapar a los creyentes. Creo que el escritor de Hebreos se refiere a esto:

> "Por tanto, es necesario que con más diligencia atendamos a las cosas que hemos oído, no sea que nos deslicemos. Porque si la palabra dicha por medio de los ángeles fue firme, y toda transgresión y desobediencia recibió justa retribución, ¿cómo escaparemos nosotros, si descuidamos una salvación tan grande? La cual, habiendo sido anunciada primeramente por el Señor, nos fue confirmada por los que oyeron".
>
> Hebreos 2:1–3

No se engañe. El pecado está a la puerta. Si usted cede a las tentaciones que Jezabel le ofrece a través de la idolatría y la inmoralidad, la paciencia de Dios con el tiempo dará paso a su juicio. De hecho, Dios ha dicho: "No contenderá mi espíritu con el hombre para siempre" (Génesis 6:3). El *Comentario* de Matthew Henry explica detalladamente este versículo:

> Eso aparece aquí como una señal del disgusto de Dios con aquellos que se casaron con esposas extranjeras; amenaza con quitarles su Espíritu, al que habían entristecido con esos casamientos, opuestos a sus convicciones: la lujuria de la carne casi siempre se castiga con juicios espirituales, el más doloroso de todos los juicios.

Usted no puede mantener un pacto con Jesús y un pacto con Jezabel al mismo tiempo. "Ninguno puede servir a dos señores; porque o aborrecerá al uno y amará al otro, o estimará al uno y menospreciará al otro" (Mateo 6:24). Jesús lo ama. Cuando se aleja del corazón de Dios, cuando comienza a casarse con mujeres extranjeras, por así decirlo, su Santo Espíritu tratará de llamarle la atención. Esto se llama convicción. El Espíritu Santo nos convencerá de pecado, de justicia y de juicio (ver Juan 16:8). Si el creyente que ha pecado no se humilla y ora y

Los juicios de Jezabel

busca el rostro de Dios y se vuelve de sus malvados caminos, los juicios de Dios con el tiempo vendrán.

Espacio para arrepentirse

Repito, Jesús es paciente. Soporta pacientemente aún nuestros pecados más ofensivos por algún tiempo. El apóstol Pablo, conocido primeramente como Saulo de Tarso, es un buen ejemplo de la paciencia de Jesús. Pablo se considera a sí mismo el mayor de los pecadores porque había perseguido a los cristianos. Por su causa, muchos santos habían ido a prisión y cuando los condenaban a muerte, votaba a favor. La Biblia dice que Saulo los castigaba con frecuencia en las sinagogas y los condenaba por cometer blasfemia. Incluso viajó a ciudades extranjeras para perseguirlos (ver Hechos 26:10–11). Saulo era un perpetrador de la maldad. Pero Jesús es paciente.

Un día, mientras Saulo estaba en el camino a Damasco, Jesús le reveló que Él era el Señor profetizado y que lo estaba llamando para proclamar el Reino de Dios. Saulo salió de aquel encuentro ciego y con una decisión eterna por delante (ver Hechos 9:3–7). Tomó la decisión correcta. Se arrepintió, abandonó el ídolo de la religión y siguió a Jesús con todo su corazón por el resto de su vida, a pesar del enorme costo personal que esto significó. Pero se requirió un encuentro con Dios, un encuentro que desafió su forma de pensar religiosa y lo dejó ciego durante tres días, para cambiarlo.

Jesús le dio a Saulo espacio para arrepentirse debido a la abundancia extrema de su gracia, fe y amor. Si Saulo hubiera ignorado aquel encuentro con Jesús, creo que eso le habría traído devastadoras consecuencias eternas.

El gran apóstol comprendió la seriedad del momento. Más tarde le dijo a su hijo espiritual, Timoteo: "Pero por esto fui recibido a misericordia, para que Jesucristo mostrase en mí el primero toda su clemencia, para ejemplo de los que habrían de creer en él para vida eterna" (1 Timoteo 1:16). Es decir, Jesús quiere que nosotros sepamos que Él es paciente. No para que podamos pecar libremente, sino para que corramos a Él cuando debemos hacerlo y recibamos la gracia para luchar contra el pecado. Esa clase de gracia, fe, amor y misericordia abundante también le fue extendida a la Jezabel humana.

Sin lugar a dudas, Jesús le dio a Jezabel, la mujer de la iglesia en Tiatira, tiempo para arrepentirse de su idolatría e inmoralidad. Jesús dijo específicamente:

"Y le he dado tiempo para que se arrepienta, pero no quiere arrepentirse de su fornicación. He aquí, yo la arrojo en cama, y en gran tribulación a los que con ella adulteran, si no se arrepienten de las obras de ella. Y a sus hijos heriré de muerte, y todas las iglesias sabrán que yo soy el que escudriña la mente y el corazón; y os daré a cada uno según vuestras obras".

Apocalipsis 2:21–23

Eso no suena como el cuadro amoroso que pintamos de Jesús, ¿cierto? Jesús fue paciente con Jezabel, pero llega un momento cuando la gracia se acaba.

Es por eso que las falsas enseñanzas sobre la gracia son tan peligrosas. Creo que estamos en la dispensación de la gracia y, por tanto, no creo que Dios esté juzgando a las naciones en este momento. Dicho de otra manera, no podemos atribuir cada huracán y cada tornado al juicio de Dios sobre los gobiernos que le están dando la espalda. Fue el enemigo quien vino a robar, matar y destruir. Jesús vino para darnos vida (ver Juan 10:10).

Puede que comprendamos mejor esto si sustituimos la palabra *juicio* por *disciplina*. Dios es un Padre amoroso y como tal disciplina, amonesta y castiga a aquellos que ama (ver Apocalipsis 3:19). Dios ama tanto a su pueblo que a veces usará la disciplina extrema para salvar sus almas.

La salvación del alma de Sammy

Sammy estaba sirviendo fielmente en su iglesia local en el ministerio de los medios de comunicación y de jóvenes, pero estaba bebiendo alcohol con esa misma fidelidad. Uno de los líderes del equipo de Sammy le advirtió en privado una y otra vez que dejara esa conducta y le ofreció toda clase de ayuda, desde la ayuda práctica hasta la espiritual. Este joven se arrepentía verbalmente, pero no había fruto de ese arrepentimiento.

El alcohol se había convertido en un ídolo en la vida de Sammy, pero Jezabel era la seductora espiritual que lo estaba engañando para que permitiera que el licor lo consumiera a él y a su relación con Dios. Sammy provenía de un hogar quebrantado. Su madre natural lo había abandonado cuando era joven. Su padre había fallecido unos años más tarde. Jezabel le ofreció consuelo a través del alcohol y la pornografía y él lo aceptó. La iglesia le falló pero su líder de equipo, que solo sabía acerca de la adicción al alcohol, trató de ayudarlo.

Cuando se hizo evidente que Sammy no podía vencer el alcoholismo por sí solo, el líder de equipo informó a los pastores. Los pastores nunca trataron el asunto, sino que en vez de ello le permitieron seguir trabajando en los ministerios porque nadie más tenía las habilidades en producción que se requerían para que el programa radial saliera al aire cada semana. No querían sacarlo del ministerio de jóvenes porque su madrastra, otra buena voluntaria de la iglesia, estaba a cargo del departamento.

Sammy estaba amparado en la gracia de Dios y en los pastores, a quienes les interesaba más su desempeño que su progreso en el Reino de Dios. Estos mismos pastores estaban bajo la influencia de Jezabel, quien probablemente les había susurrado que solo era un hombre joven normal que estaba atravesando una mala racha y que saldría de eso. Nunca salimos solos del pecado. Nunca salimos solos de las ataduras. Pero podemos arrepentirnos y ser libres.

Sammy continuó bebiendo mientras seguía trabajando en ambos ministerios, hasta que algunos miembros de la congregación dijeron que su aliento olía a alcohol durante los servicios de la escuela dominical. Entonces los pastores no tuvieron otra opción que reconocerlo. Conversaron con él en privado pero le permitieron continuar en sus ministerios. Y Sammy continuó con su conducta inmoral. Continuó yendo a la iglesia con aliento etílico, aunque mejor enmascarado con pastillas de menta y mucho perfume. Muy pronto, algunos comenzaron a sospechar que también se había involucrado en la homosexualidad.

Sammy tenía 35 años y todavía vivía en su casa con su madrastra cuando la gracia de Dios finalmente se agotó. Lo despidieron de su empleo y no pudo encontrar otro durante más de dos años. A medida que las evidencias del pecado continuaron haciéndose presentes, los padres de los jóvenes de la iglesia no continuaron permitiendo que se acercara a sus hijos. Algunos incluso abandonaron aquella iglesia en busca de un ambiente más estable y seguro para sus hijos.

Sammy adquirió hábitos nocturnos, se quedaba despierto toda la noche mirando pornografía en su computadora y bebiendo licor, para luego dormir hasta el mediodía. El ministerio radial de la iglesia se marchitó. Las personas comenzaron a abandonar en masa la congregación. Creo que Dios guió a esas personas a que salieran, en parte, porque los pastores no estaban dispuestos a lidiar con el pecado, o a arrepentirse ellos mismos por tolerar a Jezabel.

Afortunadamente, Sammy finalmente se liberó de las ataduras de la idolatría y la inmoralidad, pero eso no sucedió hasta que no abandonó aquella iglesia controlada por Jezabel y su poderosa influencia sobre él. Se mudó a otra ciudad y, gracias a un duro trabajo y a una buena consejería, Sammy por fin alineó de nuevo su vida con Jesucristo.

El juicio sobre la casa de Elí

Los líderes espirituales tienen la orden de no tolerar a Jezabel y a sus esfuerzos por controlar y manipular los rebaños que ellos cuidan, para seducirlos a la idolatría y la inmoralidad. Los líderes espirituales tienen la responsabilidad de entrenar a sus hijos espirituales en la manera en que deben conducirse y enseñarles la manera en que no lo deben hacer. Recuerde a Elí.

La Biblia dice que los hijos de Elí, Ofni y Finees, eran corruptos y no conocían al Señor. ¿Cómo era posible que los hijos de un sacerdote no conocieran al Señor? La respuesta, al menos en este caso, es evidente: Elí no cumplió su rol como padre y guía espiritual. Permitió que Jezabel usurpara su autoridad en el núcleo familiar. Como resultado, Jezabel tenía bien atados a los hijos de Elí con sus garras.

La Biblia dice que los hijos de Elí "dormían con las mujeres que velaban a la puerta del tabernáculo". Es decir, estaban fornicando con mujeres cuando entraban al santuario. ¿Puede imaginárselo? Eso es como si los hijos del pastor tuvieran sexo con miembros de la iglesia en el propio edificio de la iglesia. De hecho, todavía más escandaloso: en la entrada principal.

Así como los miembros de la congregación advirtieron a los pastores de Sammy acerca de su pecado, el pueblo de Israel alertó a Elí acerca de que sus hijos estaban pecando. Así como los pastores de Sammy no hicieron nada más que tener una conversación con él, Eli no hizo nada más que tener una conversación con sus hijos. Les dijo:

> "¿Por qué hacéis cosas semejantes? Porque yo oigo de todo este pueblo vuestros malos procederes. No, hijos míos, porque no es buena fama la que yo oigo; pues hacéis pecar al pueblo de Jehová. Si pecare el hombre contra el hombre, los jueces le juzgarán; mas si alguno pecare contra Jehová, ¿quién rogará por él?"
>
> 1 Samuel 2:23–25

La Biblia dice que Elí honró a sus hijos más que a Dios. Sus hijos se convirtieron en sus ídolos. La Biblia también dice que los hijos de Elí no escucharon la voz de su padre porque el Señor había resuelto hacerlos morir. La idolatría de Elí y la inmoralidad sexual de sus hijos trajo el juicio sobre todos ellos.

Un profeta le dijo a Elí estas palabras de parte de Dios. A pesar de que sus hijos morirían, Dios iba a bendecir a su familia. Esto se cumplió probablemente con Zadoc, de la familia de Eleazar, al principio del reinado del rey Salomón:

> "Y te será por señal esto que acontecerá a tus dos hijos, Ofni y Finees: ambos morirán en un día. Y yo me suscitaré un sacerdote fiel, que haga conforme a mi corazón y a mi alma; y yo le edificaré casa firme, y andará delante de mi ungido todos los días".
>
> 1 Samuel 2:34–35

Un hambre de palabras

Elí no fue el único líder espiritual que la Biblia menciona que toleró a Jezabel. Hemos estado estudiando el fuerte control que el espíritu de Jezabel mantuvo en el reino de Acab. Acab le permitió a su reina que introdujera la adoración de Baal y de Asera en Israel. Estos cultos practicaban formas pervertidas de adoración y prostitución, homosexualidad y sacrificio humano de niños. Si bien Acab se reconoce en la historia bíblica como el rey que hizo más cosas que cualquier otro rey para provocar al Señor (ver 1 Reyes 16:33), es probable que también podamos afirmar que la reina Jezabel hizo más cosas que cualquier otra reina para provocar al Señor.

Durante su malvado reino, el hambre golpeó a la tierra de Israel. El profeta Elías oró fervientemente para que no lloviera y durante tres años y medio no llovió (ver Santiago 5:17). Fue solo después que el pueblo de Israel regresó al Señor, luego del encuentro del profeta Elías en el Monte Carmelo con los falsos profetas, que la sequía terminó.

Pero tal vez hay una hambruna más peligrosa en los últimos días: un hambre de escuchar las palabras del Señor. Amós profetizó: "He aquí vienen días, dice Jehová el Señor, en los cuales enviaré hambre a la tierra, no hambre de pan, ni sed de agua, sino de oír la palabra de Jehová" (Amós 8:11). Este versículo habla de hambre espiritual. Aunque hay movimientos de avivamiento que están surgiendo en todo el mundo, también hay gran hambre de escuchar las palabras del Señor en muchas partes del mundo. Esto no sucede porque Dios no haya enviado su Palabra, sino porque las personas no quieren escuchar la pura Palabra de Dios. Pablo lo dijo mejor:

"Porque vendrá tiempo cuando no sufrirán la sana doctrina, sino que teniendo comezón de oír, se amontonarán maestros conforme a sus propias concupiscencias, y apartarán de la verdad el oído y se volverán a las fábulas".

2 Timoteo 4:3−4

Jezabel tiene muchas fábulas para contarles a aquellos que están dispuestos a escucharla. De hecho, este espíritu ejecuta su agenda a través de falsas declaraciones proféticas. Como hemos visto, la Jezabel del Nuevo Testamento se autoproclamó profetisa. Alguien que esté obrando según el espíritu de Jezabel puede declarar palabras proféticas con mucha certeza porque las profecías salen del reino prohibido de los espíritus familiares o de la idolatría en el corazón de esa persona. Un jezabelita puede declarar una profecía que mezcle una palabra de sabiduría con adulación, como por ejemplo: "El Señor me muestra que lo han herido en el pasado, pero que ahora está enviando refuerzos a su vida para que lo fortalezcan. Puede que las personas alrededor suyo no lo reconozcan o lo acepten, pero va a tener un ministerio global".

Todos estamos escuchando a alguien. O estamos escuchando

al Espíritu Santo o estamos escuchando a otro espíritu. Y aquel al que escuchamos influye en el curso de nuestra vida. Demasiados creyentes están inconscientemente escuchando a Jezabel. Estas aceptando sus enseñanzas con respecto a que está bien servir a los ídolos y hacer concesiones sexuales. Puede que Jezabel esté diciendo algo como esto: "Usted trabaja muy duro toda la semana. Merecer tener sus ídolos. Merece un poco de placer. Está bien ser codicioso. Después de todo, ganó su dinero y puede emplearlo de la forma en que le plazca. Está bien coquetear con su vecino o vecina. Un poco de coqueteo no le hace daño a nadie. Puede pecar, porque luego podrá arrepentirse. Todo está bajo la sangre".

¡Dios no lo permita!

Las motivaciones asesinas de Jezabel

Jezabel es la maestra de la sutileza. Puede que ni siquiera escuche su voz. Puede que simplemente lo aparte un poco de su comunión con Dios y lo encamine a los brazos de la seducción. Se lo aseguro, el fin es la muerte. Cuando cualquier creyente cae en las profundidades de Satanás, al punto que el Señor se lo lleva al cielo más temprano con el objetivo de preservar su destino eterno, Jezabel ha avanzado un tramo más en su plan asesino. Se trata de otro santo que no está esparciendo el evangelio de Jesucristo.

Sí, hay casos en los que Jesús le permitirá al enemigo afectar la vida de las personas a través de enfermedades con el objetivo de atraer su atención. Jesús hace esto porque los ama y está tratando de abrirles los ojos para que vean su necesidad de arrepentimiento. Cuando las personas se arrepienten, Jesús puede liberarlos de la opresión demoniaca en un abrir y cerrar de ojos.

El Espíritu Santo busca muchas vías para alcanzar a las personas antes de permitirle al enemigo que toque sus vidas a este nivel. Pero debido a que es un Dios amoroso con una perspectiva eterna, permitirá que el enemigo arme este caos si no hay otra vía para que se arrepientan. Esa enfermedad con el tiempo puede conducir a la muerte.

Repito, el objetivo es evitar que el creyente abandone su fe lo que, según Pablo, es una señal de los últimos tiempos.

¿Se acuerda de Ananías y Safira? En la iglesia primitiva muchos vendían sus posesiones y entregaban las ganancias a los apóstoles para que las distribuyeran a los creyentes en necesidad. Esta pareja mentirosa vendió un pedazo de tierra y fingió que estaba dando el total de la ganancia a los apóstoles. Pedro le preguntó a Ananías por qué Satanás había llenado su corazón para mentir al Espíritu Santo fingiendo que habían dado todo el dinero a la iglesia. Ananías escuchó aquellas palabras y cayó muerto. Más tarde ese mismo día, su esposa también cayó muerta por su mentira (ver Hechos 5).

En esencia, esta pareja estaba burlándose de Dios y engañando a la iglesia. Pusieron a otros dioses antes que a Dios. El dinero y el prestigio eran sus ídolos. No sabemos qué habría pasado si Ananías y Safira se hubieran arrepentido. Pero no se arrepintieron y el juicio de Dios cayó sobre ellos.

De la misma manera, un creyente de la iglesia de Corinto que no se había arrepentido enfrentó el juicio de Dios. Pablo escuchó que había inmoralidad sexual dentro de la iglesia: un hombre estaba durmiendo con la esposa de su padre. El liderazgo de la iglesia no estaba tratando el asunto. Más bien, se vanagloriaban de la condición de la iglesia.

Pablo confrontó esta conducta: "Y vosotros estáis envanecidos. ¿No debierais más bien haberos lamentado, para que fuese quitado de en medio de vosotros el que cometió tal acción?" (1 Corintios 5:2). Pablo juzgó a la persona que estaba cometiendo inmoralidad sexual, ordenando en el nombre de Jesús que la iglesia entregara este hombre a Satanás para la destrucción de su carne, de modo que su espíritu pudiera ser salvo en el día del Señor Jesús. Una vez más vemos la motivación de Dios.

Pablo también entregó a Himeneo y a Alejandro a Satanás para que "aprendan a no blasfemar" (1 Timoteo 1:20). La intención de Pablo era que se arrepintieran de haberse desviado de la fe y regresaran a Jesús. Pablo también dejó claro que cualquiera que participa de la Cena del Señor indignamente, juicio come y bebe para sí:

> "Por lo cual hay muchos enfermos y debilitados entre vosotros, y muchos duermen. Si, pues, nos examinásemos a nosotros mismos, no seríamos juzgados; mas siendo juzgados, somos castigados por el Señor, para que no seamos condenados con el mundo".
>
> 1 Corintios 11:30–32

Fue el juicio de Dios lo que provocó que estos creyentes se enfermaran y debilitaran. Dios estaba tratando de llamar su atención para que no pasaran la eternidad en el infierno. Tal como sucedió con Jonás en Nínive, el verdadero arrepentimiento revierte el juicio de Dios.

El juicio: una manifestación de amor

En la revelación de Jesucristo que relata el apóstol Juan, conocida como el libro de Apocalipsis, se describe a Jesús de esta manera:

> "Su cabeza y sus cabellos eran blancos como blanca lana, como nieve; sus ojos como llama de fuego; y sus pies semejantes al bronce bruñido, refulgente como en un horno; y su voz como estruendo de muchas aguas. Tenía en su diestra siete estrellas; de su boca salía una espada aguda de dos filos; y su rostro era como el sol cuando resplandece en su fuerza".
>
> Apocalipsis 1:14–16

Los juicios de Jezabel

Los ojos de Jesús son como llama de fuego y Él ve todo lo que hacemos. Esos ojos pueden ser los ojos de un amor intenso o de un juicio intenso, dependiendo de lo que ven. Nunca olvide que la única razón por la que Dios libera el juicio o la disciplina es porque nos ama demasiado como para permitirnos que nos adentremos en el pozo de la destrucción. En última instancia, el hecho de que discipline a los creyentes es una manifestación de su amor intenso.

"No menosprecies, hijo mío, el castigo de Jehová, ni te fatigues de su corrección; porque Jehová al que ama castiga, como el padre al hijo a quien quiere".

Proverbios 3:11–12

El Señor es implacable en su amor por nosotros y aunque prefiere derramar bendiciones de una clase diferente, nos bendecirá con disciplina si esto es lo que se requiere para salvar nuestras almas de las garras de Jezabel.

En la visión de Juan, Jesús tenía pies semejantes al bronce bruñido. El bronce bruñido es un símbolo del juicio contra el pecado. El diablo está debajo de nuestros pies y lo mismo sucede con Jezabel. Fue Jehú quien miró a la ventana donde la reina Jezabel del Antiguo Testamento estaba asomada y mandó a los eunucos que la echaran abajo. "Y ellos la echaron; y parte de su sangre salpicó en la pared, y en los caballos; y él la atropelló" (2 Reyes 9:33).

Somos llamados a mantener a Jezabel debajo de nuestros pies, lo que significa mantener atados los pecados que este espíritu trata de introducir: la idolatría y la inmoralidad sexual. Jesús nos da su gracia para derrotar a Jezabel independientemente de cuán sutiles sean sus obras. Ya hemos derrotado a Jezabel en Cristo. En realidad solo estamos reforzando esa victoria en nuestras vidas al atar los pecados que este espíritu promueve. Y si otros no pueden liberarse por sí solos, somos llamados a ayudarles. En el siguiente capítulo aprenderemos cómo.

9

Amar a Jezabel para traerla de vuelta a Jesús

El título de este capítulo puede parecerle extraño. ¿No se supone que debemos desarraigar, derribar, destruir y vencer a Jezabel (ver Jeremías 1:10)? ¿No se supone que debemos luchar contra este principado malvado hasta derribarlo y sacarlo fuera de la iglesia? ¿No se supone que debemos levantarnos como Jehú y conquistar esta maldición? Ciertamente es así. Pero gran parte de los extremismos de Jezabel y, por tanto de su engaño dentro de la iglesia llena del Espíritu en la actualidad, tienen lugar debido a que guerreros espirituales demasiado apasionados no logran, usando otra vez las palabras de esa popular frase una vez más, separar al principado de la personalidad.

En otras palabras, sí, queremos desarraigar, destrozar, destruir y vencer al espíritu de Jezabel. Sí, queremos luchar hasta someter a este principado en el nombre de Jesús. Sí, tener la unción de Jehú y derrotar a este espíritu malvado. Pero necesitamos aclarar la división entre principados, potestades y personas o solo estaremos golpeando al aire e hiriendo al pueblo de Dios en el peor de los casos, todo mientras la verdadera Jezabel continúa creando el caos entre los santos.

Con demasiada frecuencia incluso los creyentes con discernimiento espiritual no logran distinguir correctamente entre el espíritu asesino de Jezabel y una persona con un comportamiento autoritario y avasallador. Esto sucede porque hemos sido entrenados a ver lo que la iglesia llama "Jezabel" a un kilómetro de distancia. Generalmente esto tiene que ver con la revisión de una lista de características que indican o no la presencia de un espíritu de Jezabel.

Quiero comenzar con dos ejemplos de acusaciones falsas que se produjeron por juzgar equivocadamente ciertas características y mostrar cuán destructivo es no solo para el acusado sino también para los acusadores. Juzgar equivocadamente a alguien y catalogarlo como Jezabel puede conducir a un engaño aún mayor en los corazones y en las mentes de aquellos que erróneamente disciernen Jezabeles entre ellos. Y si eso sucede, estarán a solo un paso de que se produzca una infección provocada por el espíritu que, según creen, están desarraigando de la iglesia.

Acusaciones inapropiadas

Tal parece que los creyentes llenos del Espíritu están cada vez más alertas con respecto a Jezabel. Y debido a que eso es en lo que están enfocados, eso es lo que encuentran, o al menos lo que creen que encuentran.

Jackie sirvió como voluntaria en una iglesia profética durante casi diez años. Dirigía el ministerio de los niños y era una de las mayores contribuyentes desde el punto de vista financiero en la congregación. Pero, más que todo, estaba dispuesta a entrar en la guerra espiritual bajo las órdenes del pastor. Con el tiempo le dieron la bienvenida en el círculo estrecho en el que el pastor principal le confió información confidencial. Si el liderazgo decidía que algo o alguien estaba siendo afectado por el espíritu de Jezabel, ella era de los primeros en saberlo. Entonces se dedicaba a luchar contra ello con la oración de guerra espiritual.

Jackie se sintió privilegiada durante muchos años; a menudo la celebraban. Debido a que la iglesia no tenía dinero para pagar personal, ella ofrecía su tiempo, a veces hasta treinta horas semanales, a la vez que trabajaba a tiempo completo y criaba a un hijo en su condición de madre soltera. Aunque la petición del pastor principal con respecto a que dedicara tanto tiempo a la iglesia parecía irrazonable y aunque los líderes de la iglesia a veces la catalogaban como legalista, Jackie estaba convencida de que ceder a las demandas del liderazgo de la iglesia formaba parte de tomar su cruz y seguir a Jesús. Al menos eso era lo que le habían dicho.

Pero tuvo que pagar un precio muy alto por esa decisión. Con la excusa de estar sirviendo en la iglesia, Jackie hizo que su hijo se sintiera relegado a un segundo plano durante años. A menudo se quedaba solo sentado en el santuario mientras Jackie estaba trabajando con su equipo en un proyecto de oración en otra habitación o dirigiendo a los voluntarios del ministerio de niños. Siempre que Jackie sugería a los líderes que este era un orden equivocado de prioridades, ellos la convencían de que "no se preocupara por su hijo y que lo pusiera en las manos de Dios". Le decían a Jackie que simplemente "hiciera el trabajo del ministerio y confiara su hijo al Señor".

Jackie se preocupaba cada vez más. Pero no fue hasta que su hijo comenzó a "cortarse" (se cortaba los brazos con cuchillas de afeitar para liberar el dolor emocional) que Jackie recibió el llamado de alerta que necesitaba. Entonces dejó el trabajo ministerial voluntario que había estado llevando a cabo.

El control abusivo de Jezabel

El liderazgo no estaba feliz con el hecho de perder los muchos servicios que Jackie hacía. El pastor principal la amonestó severamente, llamándola inestable y diciendo que estaba llena de temor y de rechazo.

Aquellas palabras la hirieron profundamente y Jackie colapsó y regresó al trabajo en el ministerio. Pero el problema con su hijo empeoró hasta que un día hasta que sacó una cuchilla durante un servicio de la iglesia y se cortó profundamente el brazo frente a muchos niños más pequeños.

Finalmente Jackie no siguió dispuesta a "simplemente hacer el trabajo del ministerio y confiar su hijo al Señor". Comenzó a pasar tiempo a solas con él los viernes y sábados por la noche, lo que significaba no asistir al servicio del viernes en la noche.

Y entonces fue cuando vino la acusación de Jezabel. Jackie fue amonestada públicamente en frente de la iglesia por colocar a su familia primero que al ministerio. Ella se quedó pasmada, pero eso no fue todo. Muy pronto, los "profetas" en la iglesia comenzaron a contarle acerca de sus sueños y visiones de que un espíritu de Jezabel estaba sobre su cuerpo cuando hablaba. Otro le dijo que el espíritu de una serpiente pitón estaba conduciéndola al error. Aún otro dijo que era implacable, despiadada y orgullosa. Tan solo unos meses atrás la habían celebrado públicamente. Ahora era la villana de la iglesia.

A partir de ese momento, durante y después de los servicios dominicales, a Jackie la ignoraban. Las responsabilidades que todavía tenía se las dieron a otros. Jackie había visto esto antes. Sabía que esa era la forma en que el liderazgo trataba de apagar la voz de una Jezabel. Pero lo que más le dolió fue la respuesta de su mejor amiga cuando Jackie le dijo confidencialmente que necesitaba salir de la iglesia. Su amiga, totalmente controlada por este sistema abusivo inspirado por Jezabel, la llamó una madre descuidada e indiferente y le dio toda una lista completa de acusaciones falsas.

La verdad libera

Cuando uno de los profetas finalmente dijo abiertamente que estaba "obrando en un espíritu de Jezabel", Jackie pidió ayuda a otros pastores y líderes con los que trabajaba fuera de la iglesia. Jackie le preguntó al capellán de una prisión que conocía si pensaba que las acusaciones eran verdaderas. El capellán contestó: "¿Estás fornicando y conduciendo a otros a la inmoralidad sexual y a la idolatría?". Su respuesta fue que no y entonces se dio cuenta de que las acusaciones eran falsas.

Una vez que comprendió la verdad, Jackie se liberó de las palabras malvadas que habían dicho contra ella. Fue capaz de luchar en el espíritu contra el acusador de los hermanos, no contra las personas que hicieron la acusación sino contra el espíritu detrás de dicha acusación.

Jackie salió de aquella iglesia. Cuando lo hizo, los líderes arreciaron su ataque. Predicaban acerca de cómo Jezabel estaba haciendo que personas se fueran de la iglesia, asegurándose de que la congregación supiera, sin necesidad de que lo dijeran directamente, que Jackie era una Jezabel. Estos pastores también comenzaron a publicar comentarios en un blog en internet y a producir videos en YouTube acerca de cómo Jezabel "ataca a los creyentes".

Jackie terminó perdiendo todos los amigos que tenía en aquella iglesia, que eran todos los amigos que tenía en el mundo. Pero estaba libre y su hijo entró en un grupo de jóvenes saludable en una iglesia sana donde él también comenzó el proceso para liberarse.

Vea, acusar a alguien de estar obrando en un espíritu de Jezabel es más que acusar a alguien de ser controlador. Es acusarlo a él o ella de oponerse al Reino de Dios y de desviar a los creyentes hacia las profundidades de Satanás. Es una acusación muy seria. Las personas que usan este término con frecuencia casi siempre necesitarán arrepentirse porque a menudo forman parte de un engaño de Jezabel.

Cuando los líderes de la iglesia proclaman su habilidad de desarraigar a Jezabel, casi nunca se dan cuenta de que han acusado falsamente a un creyente. Han herido a un miembro del Cuerpo. Cuando una parte del Cuerpo sufre, todo el Cuerpo sufre (ver 1 Corintios 12:26). Y Jezabel se alegra.

La infección se esparce

Aunque debemos ejercer el discernimiento espiritual y juzgar con justo juicio, no se supone que debamos tener constantemente un espíritu de juicio. Jesús dejó esto claro: "Porque con el juicio con que juzgáis, seréis juzgados, y con la medida con que medís, os será medido" (Mateo 7:2). Otra versión de la Biblia afirma: "No juzguen a nadie, para que nadie los juzgue a ustedes" (Mateo 7:1, NVI). Si tenemos un verdadero temor del Señor, no estaremos tan prestos a condenar a alguien que pensamos que se está moviendo bajo un espíritu de Jezabel.

No obstante, a pesar de este mandamiento, he visto personas que han juzgado a creyentes con personalidades fuertes, e incluso los han condenado como Jezabeles enseguida que entran por la puerta. Nunca se les permite conectarse completamente, nunca les dan una oportunidad. Muchas de estas personas simplemente son soldados heridos con personalidades dominantes, no Jezabeles. Otros poseían personalidades tipo A con una pasión por hacer algo para Dios y una falta de habilidad para trabajar con personas de una manera misericordiosa. En vez de ayudar a estos individuos a crecer en el área del tacto, el liderazgo causó más dolor al rechazarlos desde el momento en que llegaron y dijeron hola.

Ese fue el caso de Maggie. Nunca olvidaré la primera vez que entró por la puerta de la iglesia de un pueblo pequeño a la que asistí durante un breve tiempo. Para empezar, venía de una ciudad grande y parecía traer con ella una manera de vivir más rápida y enérgica, que chocó con el ambiente más lento y amistoso del pueblo. Maggie tenía una personalidad dominante y frontal que habría constituido un reto para la mayoría de las personas; por otra parte, algunos miembros de la iglesia eran inmaduros y se sentían fácilmente amenazados. Debido a un número de marcadas diferencias entre ellos, cuando Maggie entró en aquella congregación, el escenario ya estaba listo para que se produjeran conflictos de personalidad.

Maggie y la administradora de la iglesia, Betty, chocaron inmediatamente. Betty, una creyente recién convertida que estaba insegura en su papel e identidad en Cristo, clasificó a Maggie como una Jezabel después del primer servicio, ¡del primer servicio! Betty continuó sembrando la cizaña entre el pastorado y el personal de la iglesia acerca de las tendencias jezabélicas de Maggie hasta que la mayoría se convenció de que constituía un peligro para la iglesia.

A pesar de la situación difícil que estaba enfrentando, Maggie era una creyente madura y continuó en la búsqueda de una oportunidad para servir. Estaba alerta ante cualquier oportunidad, pero siempre le cerraban la puerta en la cara. Se frustró y Betty tomó aquella frustración como una oportunidad para continuar construyendo el caso "Jezabel" contra ella.

Luego de tres años de haber asistido fielmente a la iglesia y con un gran deseo de servir, Maggie se dio cuenta de que no le darían oportunidades, ni siquiera la dejarían hablar en las reuniones de oración y dejó la iglesia pacíficamente. Cuando lo hizo, el personal celebró porque Jezabel se había ido. Se alegraron porque habían desarraigado a Jezabel.

Pero Maggie nunca fue la Jezabel. Betty era de hecho la portera de Jezabel que se sintió demasiado amenazada como para permitir que alguien que no podía controlar tuviera una oportunidad de servir. Podemos dar gracias a Dios siempre que los creyentes que están siendo mal juzgados salen de esas iglesias abusivas y se dirigen a iglesias saludables donde pueden servir al Señor fielmente.

Etiquetar a alguien como una o un Jezabel es mucho más serio de lo que podemos darnos cuenta. Y no caminar en amor en un esfuerzo por restaurar a un creyente verdaderamente jezabélico también entristece al Espíritu Santo. Por una parte, muchos en la iglesia ignoran completamente el espíritu de Jezabel. Por otra, demasiados creyentes comprados por sangre son falsamente etiquetados como Jezabeles. Conozco una iglesia donde pareciera que cada diez personas que entran por la puerta uno de ellos es un "Jezabel."

Pero incluso si una persona es controladora, o inmoral o idólatra, ¿acaso no debía la iglesia estar trabajando para restaurar al creyente al corazón de Dios con un espíritu de bondad? Recuerde, Jesús fue paciente con la Jezabel de Apocalipsis 2 antes de finalmente lanzarla al juicio. Jesús le dio a la mujer espacio para arrepentirse. La voluntad de Dios es restaurar. ¿Acaso no debe ser también la nuestra?

Raíces y resultados de las acusaciones falsas

Las acusaciones falsas a menudo tienen su raíz en las propias inseguridades personales del acusador. Tal vez el líder de adoración ve a un talentoso cantante joven levantándose y ganando la atención de la congregación. En vez de alentarlo y darle la oportunidad de brillar, el inseguro líder de adoración trata de socavar al joven talento sembrando semillas de acusaciones jezabélicas contra él dentro del liderazgo. Mientras tanto, a otros que verdaderamente están obrando en un espíritu de Jezabel se les permite moverse libremente en la iglesia con títulos y honores que no ganaron y que no merecen. Es una paradoja que entristece al Espíritu Santo.

La Biblia dice: "Y no contristéis al Espíritu Santo de Dios, con el cual fuisteis sellados para el día de la redención." (Efesios

4:30). El Espíritu Santo es el Espíritu de verdad. Satanás es el padre de mentira y el acusador de los hermanos. Los creyentes que hacen acusaciones falsas contra otros creyentes ofenden, irritan o entristecen al Espíritu Santo. ¿Y será posible que el hecho de estar continuamente haciendo falsas acusaciones de Jezabel contra nuestros hermanos y hermanas en Cristo podría entristecer tanto al Espíritu Santo que, en su ausencia, el discernimiento del acusador se contamine? ¿Podría el hecho de hacer falsas acusaciones de Jezabel hacer que alguien no vea al verdadero o la verdadera Jezabel cuando se levante en el medio en que se está desenvolviendo? Vimos cómo sucedió esto en las historias anteriores.

Algunos creyentes son más acérrimos con respecto al espíritu de Jezabel porque afirman: "Jezabel me robó mi herencia" o "Jezabel arruinó mi matrimonio". Puede que eso sea cierto. Pero puede que la experiencia los haya dejado con golpes y heridas tan profundas que sin saberlo comenzaron a cooperar con Jezabel para herir a otros. Corren el riesgo de hacer falsas acusaciones a Jezabel cuando ellos mismos son en realidad los infectados. Si observa atentamente a las personas que están enroladas en una cacería de brujas para apresar a Jezabel, con frecuencia ve en ellas tendencias jezabélicas, junto con las huellas de dolor y rechazo. Es por eso que el perdón es tan importante.

Antes que Pablo advirtiera a los creyentes de Éfeso que no entristecieran al Espíritu Santo, dijo: "Ninguna palabra corrompida salga de vuestra boca, sino la que sea buena para la necesaria edificación, a fin de dar gracia a los oyentes." (Efesios 4:29). Y después de que Pablo les advirtió que no entristecieran al Espíritu Santo, les dijo: "Quítense de vosotros toda amargura, enojo, ira, gritería y maledicencia, y toda malicia. Antes sed benignos unos con otros, misericordiosos, perdonándoos unos a otros, como Dios también os perdonó a vosotros en Cristo" (Efesios 4:31–32).

El amor cree lo mejor y no se apresura a sacar conclusiones según lo que se ve en la superficie. La Biblia no dice muchas cosas buenas acerca de la presunción. Sin embargo, si caminamos en amor y permanecemos en oración, creo que el Espíritu Santo nos mostrará quién está infectado con un espíritu de Jezabel y cómo ayudar a esa persona a ser libre.

Restaurando a Jezabel

El punto es este: incluso si alguien está operando en un espíritu de Jezabel, nuestro primer objetivo como creyentes es restaurar a esa persona, no condenarla. Si un creyente herido, alguien a quien Jezabel tiene cautivo, no puede confiar en el pueblo de Dios para encontrar ayuda y escapar de la atadura que no puede ver, ¿cómo encontrará la libertad?

Los jezabelitas pueden ser restaurados. Nos referiremos más a los aspectos prácticos del ministerio de liberar a los cautivos en los capítulos 10 y 11. Pero permítame contarle la historia de Kassie para demostrarle cómo amar a un jezabelita y traerlo de vuelta a Jesús.

Kassie era una talentosa profesional de la medicina con un gran corazón para los niños menos privilegiados. Pero una serie de devastadores eventos, incluyendo la muerte de su esposo después de una larga y dolorosa batalla contra el cáncer, la pérdida de todas sus posesiones en este mundo luego que un compañero de práctica médica cometiera fraude y la manera en que casi pierde a sus hijos, hicieron que Kassie se amargara. Estaba enojada con Dios pero nunca dejó de servir en la iglesia. De hecho Kassie, que había sido una buena amiga de los pastores durante muchos años, era una líder clave de la iglesia.

Aunque las personas al principio se maravillaron de su fortaleza espiritual al enfrentar las muchas tormentas que le había tocado vivir, Kassie no era tan fuerte como parecía. Simplemente había enterrado sus emociones y les había echado mucha tierra encima, sin lidiar nunca con el dolor de la pérdida y la traición.

La verdad era que Kassie se sentía impotente y fuera de

control. Había prometido en su corazón que nunca se involucraría en ningún tipo de relación otra vez. Ese voto abrió la puerta para el control de Jezabel. Poco tiempo después, el comportamiento de Kassie antes gentil, se tornó sarcástico y duro. Comenzó a salir con un hombre que no era cristiano y estaba al borde de la inmoralidad cuando sus pastores la confrontaron con la incómoda verdad que habían discernido: el espíritu de Jezabel estaba influyendo en sus acciones.

En vez de quitarle a Kassie lo que le quedaba, su trabajo con los niños, los pastores comenzaron a aconsejarla gentilmente para que lidiara con el dolor y las heridas que había sufrido de la mano del enemigo. En vez de evitarla como si fuera una plaga, la directiva de la iglesia la acompañó, pasó más tiempo con ella y se comprometió a orar con ella. Los pastores siguieron a Kassie muy de cerca, no porque estuvieran escudriñando cada movimiento, sino porque estaban buscando oportunidades para animarla.

Después de muchos meses de consejería, Kassie triunfó. Perdonó a Dios. Se perdonó a sí misma. Perdonó a su esposo muerto por morir. Perdonó a sus compañeros de práctica médica por arruinarla financieramente. Perdonó a todo aquel que pudiera recordar. Entonces el Espíritu Santo le recordó acerca del voto que había hecho con Jezabel. Renunció a él, se arrepintió delante de Dios y fue libre. Actualmente es más amorosa y atenta que nunca antes porque comprende lo que es estar en esclavitud y lo que es ser liberada.

No todo aquel que se convierte en una víctima de Jezabel está atado por la falta de perdón y la amargura. Algunos están atados por el rechazo. Otros están atados por el abuso sexual infantil o la violación de adultos. Aún otros están atados por el orgullo. Pero no importa quién sea el hombre fuerte. El amor, no el recelo, las acusaciones o los chismes, es siempre el primer paso hacia la liberación de las personas. La historia de Kassie y muchas más como ella prueban que usted realmente puede amar a alguien para sacarlo de las garras de Jezabel y llevarlo de vuelta a los brazos de Jesús.

Hablar la verdad en amor

Si analiza profundamente las palabras de Efesios 4:11, que se han convertido en un mantra del movimiento apostólico, se dará cuenta de que el objetivo es la unidad. Jezabel se opone a ella lanzando a las personas de un lado a otro con sus doctrinas, sus trucos, sus artimañas y sus estratagemas engañosas (ver Efesios 4:14). Se supone que debemos demostrar el amor de Cristo, incluso a alguien que esté obrando en un espíritu de Jezabel. Se supone que debemos hablar la verdad en amor para que

> "…crezcamos en todo en aquel que es la cabeza, esto es, Cristo, de quien todo el cuerpo, bien concertado y unido entre sí por todas las coyunturas que se ayudan mutuamente, según la actividad propia de cada miembro, recibe su crecimiento para ir edificándose en amor".
>
> Efesios 4:15–16

Jesús nos ha dado el ministerio de la reconciliación (ver 2 Corintios 5:18). La restauración debe ser nuestro objetivo y la restauración en el espíritu correcto. Pablo les dijo a los gálatas:

> "Hermanos, si alguno fuere sorprendido en alguna falta, vosotros que sois espirituales, restauradle con espíritu de mansedumbre, considerándote a ti mismo, no sea que tú también seas tentado. Sobrellevad los unos las cargas de los otros, y cumplid así la ley de Cristo. Porque el que se cree ser algo, no siendo nada, a sí mismo se engaña".
>
> Gálatas 6:1–3

Amar a Jezabel para traerla de vuelta a Jesús

Vemos que ese consejo de Pablo, inspirado por el Espíritu Santo, se practica muy poco en el Cuerpo de Cristo. En un extremo tenemos a los predicadores de mega iglesias consumir narcóticos para automedicar su dolor emocional y morir de sobredosis. Las masas ignoraron las señales de los problemas porque la iglesia estaba creciendo. Vemos a líderes de alto perfil tener relaciones homosexuales y comparecer en los tribunales cuando alguien los denuncia. Vemos el orgullo y la presunción en las plataformas mientras un séquito traslada a los hombres de Dios en tronos, literalmente hablando. A menudo Jezabel está detrás de esta clase de actos. Nadie habló la verdad en amor antes de que Jezabel abriera una senda directamente hacia el pozo del infierno por amor a la idolatría y la codicia.

En el otro extremo, vemos a cazadores espirituales que se complacen en anotarse otro punto cada vez que sacan a otra "Jezabel" de sus iglesias. En iglesias que de hecho están lideradas por verdaderos jezabelitas, los creyentes con discernimiento que sugieren que hay un problema se convierten en el problema y los persiguen hasta que se marchan de la iglesia. Los creyentes sinceros son heridos por las falsas acusaciones de Jezabel de las que son víctimas y se preguntan si los fieros dardos de la acusación son ciertos.

Pero la escritura está en la pared: si alguien es sorprendido en una falta, que incluye estar obrando en un espíritu de Jezabel, aquellos que son espirituales son los encargados de tratar de restaurar a esa persona y volverla a un espíritu de mansedumbre, considerándose a sí mismos, no sea que ellos también sean tentados. Dicho con otras palabras, nuestro trabajo como cristianos es amar a las y los jezabeles para traerlos de vuelta a Jesús, no actuar como Jezabel y tratar de controlar su conducta o, lo que es igualmente doloroso, promoverlos a posiciones de honor.

Dios está llamando a libertadores

Las personas a las que Jezabel ha seducido necesitan ayuda para ser libres. Con demasiada frecuencia reciben solo juicio. En vez decir que no tienen esperanza y tratar de sacarlos de la iglesia, debemos intentar guiarlos al arrepentimiento con la bondad manifiesta de Dios, al tiempo que tomamos autoridad sobre el enemigo en el nombre de Jesús.

Piense en este precedente bíblico por un minuto. ¿Acaso el rey David catalogaría a uno de sus soldados como un amalecita (un enemigo) solo porque cayó en una trampa de los amalecitas? ¿Le daría David la espalda a uno de sus soldados que los hititas o los amorreos o cualquier otro enemigo capturara? ¿O enviaría refuerzos para rescatarlo?

Sabemos lo que haría. Cuando los amalecitas llevaron cautivos a los niños y a las mujeres de sus soldados, David se fortaleció en el Señor y preguntó al Señor si debía perseguirlos o no. He aquí la respuesta del Señor: "Síguelos, porque ciertamente los alcanzarás, y de cierto librarás a los cautivos" (1 Samuel 30:8). Justo como dijo el Señor, David los libró a todos. Pero tuvo que enrolarse en una batalla contra el enemigo para lograrlo. No podía esperar que sus dos esposas salieran del campo del enemigo sin ayuda. Sus esposas y los otros que estaban cautivos necesitaban a alguien que estuviera libre y fuera lo suficientemente fuerte como para ayudarlos a escapar.

Un verdadero general del ejército de Dios no se sienta a esperar que el enemigo continúe llevando a sus hombres cautivos y no los deja en la cautividad cuando caen presa del enemigo. Tampoco deben hacerlo los miembros del Cuerpo, tanto los pastores como las congregaciones. Si queremos rescatar a los creyentes de las garras de Jezabel, necesitamos ir a la guerra contra este principado que los está atando, no con la personalidad que vemos manifestarse en nuestro medio.

(Aprenderemos más sobre esto en el capítulo 11.) Necesitamos caminar en amor con aquel que manifiesta tendencias jezabélicas y restaurarle gentilmente. Eso no siempre es un proceso que ocurre de la noche a la mañana. No siempre es tan fácil como echar fuera a un demonio. A menudo hay una fortaleza en la mente de la persona. El creyente jezabélico necesita reconocer la fortaleza, renunciar a ella, arrepentirse y luego es que tiene lugar la liberación.

Incluso después de que Abram y Lot se separaron y a pesar de que habían peleado y de que Lot había tomado la mejor parte del valle, Abram corrió a ayudar a su sobrino enseguida que escuchó que el enemigo lo había capturado. Abram armó a 318 siervos entrenados que habían nacido en su propia casa y rescató a Lot (ver Génesis 14:1–16). Abram estaba dispuesto a ponerse él mismo y sus hombres en la línea del fuego enemigo para rescatar a alguien que se había comportado egoístamente.

¿Cuántos de nosotros estamos dispuestos a ponernos en la línea del fuego de Jezabel para rescatar a alguien que está atado por este espíritu? Es mucho más fácil sacar a esa persona de la iglesia. Pero esa no es la manera en que Dios obra.

Liberando a los cautivos de Jezabel

Caminar a lo largo del proceso de restauración con alguien que está obrando en un espíritu de Jezabel requiere fe y paciencia. Y algunos casos son más duros que otros. Pero así como no es la voluntad de Dios que nadie perezca, tampoco es la voluntad de Dios que nadie permanezca en el campo del enemigo. Jesús necesita creyentes humildes que se nieguen a juzgar el corazón de una persona y que estén dispuestos a rescatar a los cautivos. Recuerde, Dios rescató al obstinado Jonás de la barriga de una ballena después que se arrepintió. A continuación le presento algunos pasos para ayudarlo.

Si la persona está dispuesta a asistir a consejería, ese es un excelente primer paso. Si esto no es posible, los amigos que sean buenos para escuchar también pueden ayudar al jezabelita a llegar a la raíz del problema. De la abundancia del corazón habla la boca. A medida que la víctima de Jezabel habla sobre personas y eventos, usted puede discernir con la ayuda del Espíritu Santo cuál es la raíz de la que se está alimentando Jezabel.

Una vez que ha identificado la raíz, puede ayudar a la persona a ver en las Escrituras cómo dicha raíz va contra el corazón de Dios. Si la raíz es el rechazo, por ejemplo, muéstrele pasajes de las Escrituras que hablen sobre el amor y la aceptación de Dios. Arme a esa persona con una lista de versículos para que medite en ellos, para que comience a renovar su mente. Cualquiera que sea la raíz, la Palabra de Dios puede arrancarla del alma de la persona. Al estudiar la Palabra de Dios y aplicarla a estas áreas débiles, el individuo puede evitar que Jezabel continúe ejerciendo el control en su vida.

Una vez que la fortaleza ha sido revelada y que la Palabra de Dios está siendo aplicada, busque a continuación algún voto secreto. Generalmente, aquellos que han caído en la trampa de Jezabel están allí debido a daños y heridas que los hicieron jurar que nunca más serían vulnerables. Dichos juramentos invitan a Jezabel a entrar y servir como su "protectora". Busque cualquier señal de rebelión, amargura o falta de perdón que pueda ser indicio de algún juramento. Estos juramentos tienen que romperse. Este paso va de la mano con el perdón de aquellos que causaron las heridas y con el hecho de romper verbalmente cualquier atadura del alma, o lazos impíos con dichas personas.

Puede que se necesite el ministerio de la liberación para echar fuera a espíritus de rechazo, rebelión, amargura o falta de perdón. También es posible que el espíritu de Jezabel se haya manifestado a lo largo de la línea familiar como una maldición generacional. Esta maldición puede ser rota con la confesión de cualquier pecado que el Espíritu Santo revele en la línea familiar y con el arrepentimiento de los miembros de la familia.

A veces la conciencia de un jezabelita está tan cauterizada que es necesaria la participación de muchos creyentes con una gran dosis de paciencia para que se conviertan en la suave voz del Espíritu Santo de modo que la persona pueda ver claramente una vez más y acercarse al Señor en arrepentimiento. Cuando el apóstol Pablo le hizo ver sus pecados a la iglesia de Corinto, primero se disculpó por causarles dolor. Pero muy pronto cambió su punto de vista al ver el fruto de su arrepentimiento.

"Porque aunque os contristé con la carta, no me pesa, aunque entonces lo lamenté; porque veo que aquella carta, aunque por algún tiempo, os contristó. Ahora me gozo, no porque hayáis sido contristados, sino porque fuisteis contristados para arrepentimiento; porque habéis sido contristados según Dios, para que ninguna pérdida padecieseis por nuestra parte. Porque la tristeza que es según Dios produce arrepentimiento para salvación, de que no hay que arrepentirse; pero la tristeza del mundo produce muerte. Porque he aquí, esto mismo de que hayáis sido contristados según Dios, ¡qué solicitud produjo en vosotros, qué defensa, qué indignación, qué temor, qué ardiente afecto, qué celo, y qué vindicación! En todo os habéis mostrado limpios en el asunto".

2 Corintios 7:8-11

¿Puede ver el progreso desde una tristeza piadosa al arrepentimiento? La tristeza piadosa produce la diligencia para luchar contra el espíritu que está manteniendo a alguien en esclavitud. La tristeza piadosa produce una justa indignación contra el enemigo que engañó al jezabelita. La tristeza piadosa produce un mayor temor de Dios que le permite a Él, en última instancia, liberar a esa persona del espíritu que lo domina. Eso es liberación. Pero todo comienza con una tristeza piadosa y la tristeza piadosa Dios no llega al jezabelita a menos que el Espíritu Santo lo convenza.

Dejar ir

Tristemente, hay ocasiones en las que simplemente usted no puede ayudar a otra persona. Así como todas las personas no serán salvas, no todas las personas serán libres del espíritu de Jezabel. Si la persona no está dispuesta a renunciar y arrepentirse, Jezabel mantendrá su derecho de trabajar a través de él o ella.

Si el soldado no quiere abandonar el campo del enemigo, si cambia su alianza, entonces ha llegado el momento de alejarse de él. Tenemos que recordar que el espíritu, no la persona, es el enemigo. Y el Señor es fiel para rescatar a aquellos que claman a Él. Salmos 136:24 declara que Dios nos ha "rescatado de nuestros enemigos, porque para siempre es su misericordia". Ciertamente, "cercano está Jehová a los quebrantados de corazón; y salva a los contritos de espíritu" (Salmo 34:18).

La meta con respecto a alguien que cae en pecado debe ser ofrecer perdón y restauración. Y eso incluye a alguien que ha caído bajo el dominio de Jezabel. Pero si el jezabelita no deja de cometer pecado en medio del Cuerpo de Cristo y está conduciendo a otros a pecar, entonces hay que sacar a la persona de la congregación. Debe recordar que cuando la inmoralidad sexual se manifestó en la iglesia de Corinto, un hombre había tenido relaciones sexuales con la esposa de su padre, Pablo instruyó al liderazgo para que lo entregara a Satanás para la destrucción de la carne, de modo que su espíritu pudiera ser salvo en el día del Señor Jesús.

La palabra final

Simón, un falso profeta que se menciona en el Nuevo Testamento, me recuerda a Jezabel y es un ejemplo de cómo lidiar con un o una Jezabel en su medio. Escuchemos:

Amar a Jezabel para traerla de vuelta a Jesús

"Pero había un hombre llamado Simón, que antes ejercía la magia en aquella ciudad, y había engañado a la gente de Samaria, haciéndose pasar por algún grande. A éste oían atentamente todos, desde el más pequeño hasta el más grande, diciendo: Este es el gran poder de Dios. Y le estaban atentos, porque con sus artes mágicas les había engañado mucho tiempo".

Hechos 8:8–11

En el libro de Apocalipsis parece que la mujer llamada Jezabel era una maestra prominente de la iglesia. Era considerada una profetisa y el pueblo estaba escuchando sus palabras. Así como Simón, Jezabel tendía a ganar atención debido a sus dones espirituales. Incluso puede que Jezabel fuera salva y estuviera llena del Espíritu Santo. Ese era el caso de Simón. Simón recibió la salvación durante el ministerio de Felipe y fue lleno del Espíritu Santo. ¿Qué anda mal? Jezabel conduce a estas personas a la idolatría.

Aunque era salvo y estaba lleno del Espíritu Santo, Simón no estaba dispuesto a abandonar su prominencia en la comunidad. Enseguida que recibió el don de la salvación, ya no era apropiado que continuara practicando la hechicería. Pero cuando vio a los apóstoles poner las manos sobre las personas para que recibieran la llenura del Espíritu Santo, tuvo lo que según él era una idea brillante. Les ofreció dinero y les dijo: "Dadme también a mí este poder, para que cualquiera a quien yo impusiere las manos reciba el Espíritu Santo" (Hechos 8:19).

¿Cuál era la raíz de la petición de Simón al querer usar el poder de Dios de la manera equivocada? Pedro dijo que su corazón no era recto delante de Dios. Simón todavía quería que lo idolatraran así como él idolatraba el poder, pero este falso profeta no pudo seducir a Pedro. Gracias a Dios, Pedro no se dejó engañar por dinero. Ni siquiera tuvo que orar por eso. Pedro le respondió: "Tu dinero perezca contigo, porque has pensado que el don de Dios se obtiene con dinero" (Hechos 8:20). Esas son palabras fuertes.

La historia de Simón nos muestra que alguien puede ser salvo y lleno del Espíritu Santo y, no obstante, puede que su corazón no sea recto delante de Dios. Esto realmente no debe sorprendernos, porque la Biblia dice que el corazón es engañoso más que todas las cosas (ver Jeremías 17:9). Cuando nuestros espíritus son salvos, no adquirimos automáticamente una mente renovada. El Espíritu Santo nos regenera. Nos renovamos de gloria en gloria. Pero todavía podemos estar cargando algún peso de nuestro pasado y ese peso puede incluir tendencias jezabélicas.

Pedro no solo trató de sacar a Simón del camino, de sacarlo de la iglesia, para que no continuara engañando a otros. Él confrontó al espíritu. Pedro dijo: "Arrepiéntete, pues, de esta tu maldad, y ruega a Dios, si quizá te sea perdonado el pensamiento de tu corazón; porque en hiel de amargura y en prisión de maldad veo que estás" (Hechos 8:22–23).

El falso profeta debe confrontarse con amor y ofrecerle la oportunidad de arrepentirse tal como al resto de las personas. Si los falsos profetas y los jezabeles no se arrepienten después de haber caminado pacientemente con ellos durante una temporada, la única opción es proteger a la iglesia de su influencia. Jesús nos dio su autoridad. Él espera que la ejerzamos.

10

Autoridad sobre las naciones

Algunas promesas se cumplen en la eternidad. Pero creo que podemos caminar en alguna medida en las promesas eternas incluso antes de que cambiemos estos cuerpos corruptibles por la gloria incorruptible y creo que la promesa que hizo Jesús a aquellos que vencieran a Jezabel es una promesa eterna que podemos ver cumplida en este mundo.

Puede llamarlo un anticipo de la recompensa eterna; una bendición por soportar la persecución demoniaca que muchos sufren al resistir a Jezabel; una confirmación de que Jesús no es hombre para que mienta. Esta es la promesa:

> "Al que venciere y guardare mis obras hasta el fin, yo le daré autoridad sobre las naciones, y las regirá con vara de hierro, y serán quebradas como vaso de alfarero; como yo también la he recibido de mi Padre; y le daré la estrella de la mañana".
>
> Apocalipsis 2:26–28

Esta es una promesa para aquellos que vencen a Jezabel. Unas versiones usan la palabra *poder*. Otras versiones usan la palabra *autoridad*. De cualquier manera, Jesús está prometiendo posiciones de liderazgo en el siglo venidero para aquellos que dominan bien su espíritu al enfrentar las destrucciones de Jezabel. Además, creo que a medida que nos levantamos y resistimos a Jezabel en este siglo, Dios nos da más autoridad en nuestra actual esfera de influencia.

Caminar en autoridad

Estoy convencida de que estoy viendo una tenue sombra de esta promesa manifestarse en mi vida incluso ahora y esta vino después de una cruenta batalla con Jezabel. Durante años, formé parte de una "organización" cristiana (un término que usaré aquí por asuntos de privacidad) donde la influencia controladora, temerosa, idólatra e inmoral de Jezabel reinaba en el lugar que debía ocupar la guía piadosa, pacífica, fructífera y amorosa de Cristo.

El reino de Jezabel era difícil de discernir desde afuera. (De hecho, era difícil discernirlo también desde *adentro*). Los visitantes veían en el líder de la organización a una persona que buscaba la excelencia y tenía una gran visión. Pero poco a poco, con el pasar del tiempo, el espíritu de Jezabel se volvió más evidente y las marcas de su presencia se hicieron difíciles de ignorar.

El trabajo en la organización se volvió más importante que todas las necesidades familiares. Las personas que siempre decían que sí eran los que rodeaban al líder de la organización, quien permanecía en un pedestal como una figura divina. El temor y la intimidación corrían como una corriente subterránea en la cultura. Cualquiera que no se adhería completamente a la línea del partido era castrado espiritualmente. La inmoralidad era común. La integridad se veía comprometida. El abuso espiritual era desenfrenado.

Aunque para mí era muy doloroso enfrentar la realidad de que Jezabel estaba de hecho reinando en un ambiente donde la consideraban el enemigo número uno, con el tiempo el Espíritu Santo avanzó a través de la neblina que se había instalado en mi mente y comencé a ver las huellas de Jezabel a mi alrededor.

Con el tiempo, cuando sentí la necesidad de asegurarme a mí misma que no me estaba volviendo loca, busqué el consejo de algunos líderes cristianos de confianza fuera de la organización. Su espíritu se entristeció al conocer la situación. Fue duro enfrentar los hechos, pero finalmente acepté la verdad de que Jezabel había tomado el mando sutilmente. Había sido tan sutil que, a pesar del conocimiento que tenía de cómo opera el espíritu de Jezabel, me demoré en verlo. La mayoría de aquellos que estaban en el liderazgo de la organización permanecieron inconscientes de la zanja en la que habían caído.

Confrontar a Jezabel

Cuando por fin acepté la horrible verdad de que Jezabel estaba al mando, me di cuenta de que tenía dos opciones: podía pretender que no lo había visto y continuar en mi lugar de autoridad allí, con todos los honores que deseaba, las oportunidades, los asientos en primera fila y los amigos queridos. O podía ser obediente a la revelación que había recibido del Espíritu Santo y que me había confirmado a través de una consejería sabia y madura, y alejarme.

Es decir, podía colocar mi confianza en el respeto que había recibido de las personas dentro de la organización, o podía estimar "todas las cosas como pérdida por la excelencia del conocimiento de Cristo Jesús, mi Señor" por quien sufriría la pérdida de todas esas cosas (Filipenses 3:8). Fue una decisión dolorosa pero decidí tenerlo todo por basura, para ganar a Cristo y ser hallada en Él en el día de su venida.

Parte de la razón por la que la decisión fue tan dolorosa fue que sabía que iba a enfrentar una tremenda persecución cuando me marchara. Había visto a otros abandonar la guarida de Jezabel. Los pintaban con el pincel del engaño, los acusaban de caminar en amargura, en dignidad herida, en rechazo e incluso de tener un espíritu de Jezabel. No quería soportar esa persecución, pero finalmente decidí que tenía que obedecer lo que el Espíritu Santo me estaba mostrando o conformarme a vivir en el engaño espiritual. El Espíritu Santo había abierto una puerta y me dijo que saliera en paz. Quedarme habría significado desobedecer. Me estremezco al pensar en el destino que hubiera sufrido en este siglo y en el siglo venidero si el Espíritu Santo no me hubiera dado la gracia para obedecer.

Justo como lo temía, cuando me aparté el espíritu de Jezabel me persiguió tenazmente obrando a través de las mismas personas con las que había trabajado durante años. Los creyentes maduros que miraban desde afuera lo llamaron una guerra sicológica. Aprendí que uno solo puede someterse a un espíritu a la vez. En otras palabras, usted no puede someterse al Espíritu Santo y al espíritu de Jezabel al mismo tiempo. Hay que elegir. Pero cuando elige al Espíritu Santo, la gloria de Dios descansará sobre usted.

Mi decisión de no someterme más al espíritu de Jezabel y de dejar de contribuir al avance de este falso reino mediante esfuerzos que yo pensaba equivocadamente que estaban contribuyendo al Reino de Dios desató una guerra contra mí que nunca antes había experimentado. Después de todo, la organización tenía que proteger su reputación. Debido a que yo era uno de los miembros principales del equipo y debido a que el Espíritu Santo no me había dado luz verde para ofrecer una razón de mi salida, hablaron toda clase de mentiras acerca de mí. Durante años había sido una maestra respetada dentro de la organización; ahora me clasificaban como rebelde, engañosa, despiadada, orgullosa y como una Jezabel. Fue una de las épocas más confusas de mi vida. A menudo tenía que escudriñar mi alma. Me sometía a líderes cristianos para que me examinaran y, una y otra vez, me hallaban "inocente" con respecto a las acusaciones. Y una y otra vez llegaban las confirmaciones de que había hecho lo correcto. Luego de unos pocos meses de haberme marchado, otros comenzaron a salir y me decían que tuvieron la valentía para escapar después de que habían visto mi valor para marcharme y salir sin lanzar un ataque público sobre mis acusadores (y ni siquiera responder a sus acusaciones contra mí). De hecho, una y otra vez me decían que el ataque público contra mí era tan vitriólico que solamente vino a confirmar qué parte estaba *realmente* operando en el espíritu equivocado.

Digo todo esto para dejar algo claro: durante los meses en que confronté a Jezabel, Dios comenzó a restaurar todas las cosas que abandoné para seguirlo. Y no solo las restauró, sino que me dio posiciones y oportunidades que sobrepasaron grandemente aquellas cosas de las que me había alejado. Pudiera hacer una lista, pero todo se resume en autoridad. Jesús me dio una esfera de influencia y autoridad mayor de lo que alguna vez pude haber imaginado. Comenzó a cumplir palabras proféticas y sueños de hace muchos años en una veloz sucesión.

Mientras que Jezabel trató de apagar mi voz desacreditándome, Jesús abrió puertas para hablar a las naciones. Ciertamente, este libro es parte de la manifestación de esa promesa y esto es solo parte de la bendición por la persecución que soporté a manos de Jezabel. Y todo esto nunca habría sido posible si no hubiera vencido a Jezabel con una unción de Jehú, quien se negó a dejarse intimidar.

¿Autoridad verdadera o falsa?

Si usted ha nacido otra vez, entonces tiene las llaves del Reino, cualquier cosa que ate en la tierra es atada en el cielo y cualquier cosa que libere en la tierra es liberada en el cielo (ver Mateo 18:18). Si usted ha nacido otra vez, tiene autoridad para hollar serpientes y escorpiones y derribar el poder del enemigo y nada podrá dañarlo (ver Lucas 10:19). Si usted ha nacido otra vez, tiene derecho a usar el nombre de Jesús, nombre sobre todo nombre, el nombre delante del que toda rodilla se doblará (ver Filipenses 2:10).

En otras palabras, usted tiene autoridad. Tiene autoridad porque Jesús se la dio. Lo que haga con esa autoridad es vital. Cuando use la Palabra de Dios según la voluntad divina, Dios le dará más oportunidades. Cuando no use la Palabra de Dios a la manera de Dios, para hacer que el Reino avance, para consolar a los que lloran, para edificar a las personas, es probable que Dios tome esas oportunidades y se las dé a alguien que ministre según su propósito con mayor fidelidad. Las palabras de Jesús en la parábola del sembrador ilustran este concepto (ver Mateo 13).

Además, creo que cuando usamos mal nuestra autoridad, o no estamos dispuestos a ejercerla según la voluntad de Dios, abrimos la puerta al enemigo. A veces ese enemigo se llama Jezabel. Sin embargo, Jezabel no puede llevar a cabo su trabajo en este mundo sin un cuerpo físico. Jezabel quiere usar el suyo y el mío para llevar a cabo su trabajo sucio. Jezabel quiere usurpar nuestra autoridad pero no puede hacerlo a la fuerza. Nosotros tenemos que entregarle nuestra autoridad.

Sabemos que toda la autoridad espiritual verdadera proviene de nuestro amoroso Jesús. Jezabel, por el contrario, obra con una autoridad falsa, un liderazgo ilegal que usurpa. Fue la reina Jezabel del Antiguo Testamento quien proclamó a su esposo: "Ahora tú ejerces la autoridad sobre Israel" y luego escribió cartas en nombre del rey Acab, las selló con su sello y las envió para lograr su propósito.

Permítame contarle esa historia. Acab estaba deprimido

porque Nabot no le quería vender su viña. Jezabel aprovechó la oportunidad para usar la autoridad de Acab. Sus cartas proclamaban un ayuno y daban instrucciones para que Nabot se sentara en una posición de honor entre la gente. Pero era una trampa. Jezabel también instruyó a dos hombres para que se sentaran cerca de Nabot y atestiguaran falsamente contra él, diciendo que había "blasfemado contra Dios y contra el rey", para luego matarlo. El motivo de Jezabel al llevar a cabo ese asesinato era apoderarse de la viña. Jezabel tuvo que obrar a través de Acab para hacer el trabajo sucio. Pero es importante darse cuenta de que Acab, su cómplice, al final recibió como recompensa aquello que quería. (Ver 1 Reyes 21:5-15.)

Esta traición de Nabot fue un abuso espiritual en su forma más extrema, que demuestra las intenciones homicidas de Jezabel. Esto también lo vemos en algunas historias de los profetas de Jehová. Si uno no se inclina ante el espíritu de Jezabel y le da lo que quiere, lo acusará falsamente y destruirá su reputación. Si usted no profetiza las palabras de Jezabel, este espíritu con el tiempo trabajará para apagar su voz y llevarlo a la esclavitud. Si usted confronta la maldad de Jezabel, este espíritu trabajará para matarlo. La verdadera autoridad radica en la ley de Dios para traer justicia donde debe haber justicia; Jezabel pervierte la ley de Dios para traer juicio donde no debe haber juicio.

La verdadera autoridad espiritual se niega a tolerar las obras del enemigo y se niega a violar la ley del amor. La verdadera autoridad se pone toda la armadura de Dios para luchar contra los principados y las potestades, incluyendo a Jezabel, pero nunca olvida que la armadura es más que una espada. La justicia, la verdad, la fe y la paz son esenciales para caminar en una verdadera autoridad espiritual. Cuando usted hace compromisos en esas áreas, está comprometiendo su eficacia contra los principados y las potestades. Las personas que obran en un espíritu de Jezabel caminan en una autoridad falsa o abusan de la autoridad que tienen.

Aquel que es vencedor

Jesús a menudo nos muestra los beneficios de obedecer sus mandamientos. A veces trata con nuestra naturaleza egoísta, por ejemplo, mostrándonos las recompensas de la obediencia. Por ejemplo, si damos, se nos dará "medida buena, apretada, remecida y rebosando" (Lucas 6:38). Si buscamos primeramente el Reino de Dios y su justicia, todo lo demás vendrá por añadidura (ver Mateo 6:33). En el Sermón del Monte, Jesús nos ofrece muchos ejemplos como esos. Cuando nos aseguramos de no olvidar los beneficios de Dios, encontramos una motivación extra para ser siervos buenos y fieles. Son los siervos buenos y fieles, después de todo, quienes reciben mayor autoridad.

Observemos otra vez la promesa de Jesús que aparece en Apocalipsis con respecto a vencer a Jezabel:

"Al que venciere y guardare mis obras hasta el fin, yo le daré autoridad sobre las naciones, y las regirá con vara de hierro, y serán quebradas como vaso de alfarero; como yo también la he recibido de mi Padre; y le daré la estrella de la mañana".

Apocalipsis 2:26-28

Jesús espera que nosotros adoptemos una postura contra el espíritu de Jezabel cualquiera que sea la forma en que se esté manifestando, porque tolerar aunque sea un poco de la influencia de Jezabel podría con el tiempo llevarnos cada vez más al pozo de la oscuridad. "Un poco de levadura leuda toda la masa" (Gálatas 5:9) y son "las zorras pequeñas, que echan a perder las viñas" (Cantares 2:15).

Negarse a tolerar a Jezabel no siempre significa un espectáculo en el Monte Carmelo enfrentando a los falsos profetas. A veces es un asunto del corazón. Cuando resistimos con valor la destrucción que viene contra nosotros, recibimos una medida de estas promesas de poder en nuestras vidas en el momento actual y mucho más en la vida futura. Sin dudas Jesús ha hecho algunas promesas monumentales que sobrepasan cualquier cosa que podamos lograr en esta vida. Estas promesas duran por la eternidad. Pero creo que meditar en estas promesas puede ayudarnos a vencer la influencia de Jezabel.

Considere esto: una de las promesas para aquellos que vencen a Jezabel es el poder y eso es precisamente aquello que buscan en primer lugar los que caen en la trampa de idolatría de Jezabel. A menudo las personas caen en el pecado de la codicia, que es idolatría, porque quieren el poder y la influencia que el dinero puede comprar. Cuando nos conformamos con ser colaboradores de Cristo, ayudando a extender el Reino en la tierra como en el cielo, caminamos en la autoridad de Dios, en el poder del Espíritu Santo.

Otra promesa es el brillante lucero de la mañana, que es una mayor revelación de Jesús. Cuando vemos a Jesús como Él es, nuestra relación con Él crece en intimidad y es la intimidad lo que buscan en realidad aquellos que caen en la trampa de inmoralidad sexual de Jezabel. Jezabel propaga la autoridad falsa y la intimidad falsa. Jesús es el camino, la verdad y la vida (ver Juan 14:6).

La autoridad en el reino del milenio

Tanto los evangelios como las epístolas nos dan pistas de la eternidad. Segunda a Timoteo 2:12 nos asegura que si sufrimos, también reinaremos con Jesús. Esto se corresponde directamente con lo que Jesús le dijo a la iglesia de Tiatira acerca de vencer a Jezabel. Si somos fieles en nuestro caminar con Cristo sin importar el costo, Jesús nos recompensará en el mundo venidero. Si vivimos para Cristo y morimos para nosotros mismos, puede que suframos en la carne pero reinaremos en el espíritu.

En la parábola de los talentos, Jesús dejó muy claro este punto (ver Lucas 19:11-27). Usted conoce la historia. Un hombre noble se fue a un país lejano, para recibir un reino y volver. Antes de irse, llamó a diez siervos suyos, les dio diez minas y les dio instrucciones muy claras para que negociaran hasta que él regresara. Cuando regresó, mandó llamar a los siervos para ver cómo habían usado los talentos.

El primer siervo había ganado diez minas más, el segundo había ganado cinco más y el tercero había enterrado la mina en la tierra. ¿Qué hizo el hombre noble? Le dio al primer siervo autoridad sobre diez ciudades. Al segundo siervo le dio autoridad sobre cinco ciudades. Y al tercer siervo lo amonestó, le quitó la mina y se la dio al que tenía diez minas.

Este es el punto en el contexto de la batalla contra Jezabel: Jesús nos ha dado todo lo que necesitamos para vencer a Jezabel en este siglo y para ayudar a que otros la venzan también. Jesús nos ha dado su autoridad (ver Lucas 10:19). Nos ha dado el privilegio de orar en su nombre (ver Juan 14:13). Nos ha dado su armadura (ver Efesios 6:10–18). Nos ha bendecido con toda bendición espiritual (ver Efesios 1:3). Nos ha hecho más que vencedores (ver Romanos 8:37).

Aquel que está en nosotros es mayor que Jezabel. Jesús está sentado a la diestra del Padre, viviendo siempre para interceder por nosotros (ver Hebreos 7:25; 8:1). Y el Espíritu Santo nos ayuda en nuestra debilidad porque no sabemos cómo orar (ver Romanos 8:26). Aquí tenemos a dos miembros de la Trinidad intercediendo por nosotros delante del Padre, quien nos ama. Piense en eso por un momento. Permita que penetre en su alma. Si Dios es por nosotros, ¿quién contra nosotros (ver Romanos 8:31)?

La única forma en la que podemos perder la batalla contra Jezabel es enterrando todo esto en la tierra y negándonos a someternos al Reino del Señor. Si nos sometemos a Jezabel y a sus hechicerías, nos enfrentaremos al juicio. Pero si la resistimos, reinaremos con Jesús. Jesús dijo: "Al que venciere, le daré que se siente conmigo en mi trono, así como yo he vencido, y me he sentado con mi Padre en su trono" (Apocalipsis 3:21). Tenemos la Palabra escrita de Dios y tenemos al Espíritu Santo para conducirnos y guiarnos a toda verdad. Y eso significa que no tenemos excusa para permitirnos caer de cabeza en el engaño de Jezabel.

Medidas de autoridad espiritual

De acuerdo a la parábola de los talentos, queda claro que tendremos diferentes medidas de autoridad en la eternidad. Cuando nos aproximemos al trono del juicio de Cristo como creyentes nacidos de nuevo, no correremos el riesgo de ser enviados al infierno. Somos "conciudadanos de los santos, y miembros de la familia de Dios, edificados sobre el fundamento de los apóstoles y profetas, siendo la principal piedra del ángulo Jesucristo mismo" (Efesios 2:19–20).

Pero Pablo nos advirtió que debemos tener cuidado acerca de cómo construimos el fundamento:

"Pero cada uno mire cómo sobreedifica. Porque nadie puede poner otro fundamento que el que está puesto, el cual es Jesucristo. Y si sobre este fundamento alguno edificare oro, plata, piedras preciosas, madera, heno, hojarasca, la obra de cada uno se hará manifiesta; porque el día la declarará, pues por el fuego será revelada; y la obra de cada uno cuál sea, el fuego la probará. Si permaneciere la obra de alguno que sobreedificó, recibirá recompensa. Si la obra de alguno se quemare, él sufrirá pérdida, si bien él mismo será salvo, aunque así como por fuego".

1 Corintios 3:10–15

¿Qué quiso decir Pablo con esto? Necesitamos permanecer fieles a la doctrina de Cristo. No podemos quitar ni añadir al Evangelio. La Palabra es infalible "como plata refinada en horno de tierra, purificada siete veces" (Salmo 12:6). Debemos construir sobre este fundamento de oro, plata y piedras preciosas dentro de su Palabra. La alternativa es construir sobre madera, heno y hojarasca, lo que significa tratar de añadir a las Escrituras nuestras propias revelaciones, doctrinas de hombres, doctrinas de demonios y otros errores. Algunas personas están en este momento edificando sobre doctrinas falsas, incluso con un corazón sincero. Esto es parte del engaño de Jezabel. Pero no podemos decir que somos víctimas, porque tenemos victoria en Cristo.

Considere la conclusión del Sermón del Monte:

"Cualquiera, pues, que me oye estas palabras, y las hace, le compararé a un hombre prudente, que edificó su casa sobre la roca. Descendió lluvia, y vinieron ríos, y soplaron vientos, y golpearon contra aquella casa; y no cayó, porque estaba fundada sobre la roca. Pero cualquiera que me oye estas palabras y no las hace, le compararé a un hombre insensato, que edificó su casa sobre la arena; y descendió lluvia, y vinieron ríos, y soplaron vientos, y dieron con ímpetu contra aquella casa; y cayó, y fue grande su ruina".

Mateo 7:24–27

Dios nos ha dado su Palabra y nos recompensará por guardarla. Todos tendremos diferentes medidas de autoridad. Pablo lo dice de esta forma:

"Por tanto procuramos también, o ausentes o presentes, serle agradables. Porque es necesario que todos nosotros comparezcamos ante el tribunal de Cristo, para que cada uno reciba según lo que haya hecho mientras estaba en el cuerpo, sea bueno o sea malo".

2 Corintios 5:9–10

Queremos escuchar a Jesús decir: "Bien, buen siervo y fiel". Y queremos alcanzar nuestro liderazgo en el reino del milenio, el cual se basa en nuestra fidelidad en la tierra.

Huya de la inmoralidad

Si somos fieles y huimos de la inmoralidad, reinaremos con Cristo en el milenio. Si somos fieles y huimos de la inmoralidad, recibiremos el Lucero de la Mañana, que es un símbolo de la revelación de Jesús y de su autoridad. Si somos fieles y huimos de la inmoralidad, tendremos mayor entendimiento profético sobre los días futuros porque nuestra relación con Él no estará enturbiada por un engaño de Jezabel (ver 2 Pedro 1:19).

Por supuesto, huir de la inmoralidad no es la única medida que debemos tomar para obtener nuestras recompensas eternas; la santidad es el punto de partida, sin la cual nadie verá al Señor (ver Hebreos 12:14). Si sufrimos con Él, también reinaremos con Él (ver 2 Timoteo 2:12). Jesús dijo que el que persevere hasta el fin, será salvo (ver Mateo 24:13).

En el libro de Hechos, los apóstoles advirtieron a los que los escuchaban que se abstuvieran de la inmoralidad sexual (ver Hechos 15:20). Pablo estaba triste porque la inmoralidad sexual estaba presente en la iglesia de Corinto (ver 1 Corintios 5:1). Pablo advirtió en su epístola a los corintios que "no se juntaran con los fornicarios" (1 Corintios 5:9) y prosiguió dejando claro que "el cuerpo no es para la fornicación, sino para el Señor, y el Señor para el cuerpo" (1 Corintios 6:13).

Unas cuantas oraciones después, Pablo advirtió a la iglesia: "Huid de la fornicación. Cualquier otro pecado que el hombre cometa, está fuera del cuerpo; mas el que fornica, contra su propio cuerpo peca" (1 Corintios 6:18). Le recordó a sus lectores que los israelitas cometieron inmoralidad sexual y murieron en un solo día 23,000 (ver 1 Corintios 10:8). Pablo continuó diciendo a los tesalonicenses que debían abstenerse de inmoralidad sexual (ver 1 Tesalonicenses 4:3). Judas advirtió que las personas de Sodoma y Gomorra y de las ciudades vecinas se entregaron a inmoralidad sexual, fueron en pos de "vicios contra naturaleza" y sufrieron "el castigo del fuego eterno" (Judas 1:7). No olvidemos que Jesús nos dijo que evitáramos la inmoralidad como un requisito para tener autoridad sobre las naciones.

Pero este es el punto: Mientras que limitemos nuestra definición de Jezabel a un espíritu de control, estaremos resistiendo a algo equivocado. Jesús no ofrece la promesa de Apocalipsis 2:26–28 a aquellos que eviten que un espíritu de control opere en sus iglesias. Esta promesas es para aquellos que resistan la inmoralidad y la idolatría.

Ahora que sabemos verdaderamente quién es Jezabel, podemos empeñarnos hasta el final para resistir las profundidades de Satanás y la destrucción que trae consigo. Podemos hablar abiertamente contra el verdadero espíritu de Jezabel y rescatar a muchos de su seducción. Y podremos reinar con Cristo en su reino del milenio.

Observemos, entonces, las claves para llegar a la libertad.

11

¿Se pone de pie la verdadera Jezabel, por favor?

Usted ha visto el engaño de Jezabel. Ha desentrañado la historia de misterio y asesinato a lo largo de las páginas de este libro.

Ahora piense en esto: ¿Reconocerá a un verdadero jezabelita si lo ve? ¿Discernirá a un principado que está operando en un territorio? ¿Verá a este espíritu influyendo en su propia alma antes, o después, de caer presa de él? ¿O todavía lo engañará esta seductora? Antes de que responda esas preguntas, lea lo siguiente con un corazón humilde.

Usted puede decir que el conocimiento bíblico es poder, pero eso es una verdad solo si se aplica. Sin una aplicación cuidadosa, incluso el estudio más exhaustivo es meramente un ejercicio de religión. Es por eso que quiero equiparlo con un conocimiento práctico de cómo el engaño de Jezabel se aplica a su vida diaria. En este capítulo aprenderá cómo trabajar con Jesús con el objetivo de poner a Jezabel bajo sus pies.

Jezabel no es un espíritu de libro de texto. Es una batalla en el mundo real. Quiero que cierre las páginas de este libro equipado para discernir las operaciones de Jezabel en cualquier escenario, ya sea en su ciudad, en su iglesia, en su amigo, o en usted. No estoy hablando aquí sobre enrolarse en una cacería de brujas. Recuerde, eso es parte del engaño de Jezabel. Estoy hablando de usar la sabiduría y el don de discernimiento de espíritus para identificar las operaciones de Jezabel de modo que pueda tomar las medidas apropiadas, con la gracia de Dios, para lidiar con ellas.

Principados sobre ciudades y regiones

Ya sea que lo llame fortalezas territoriales, espíritus territoriales o principados, ciertamente hay fuerzas espirituales sobre algunas ciudades que pretenden cumplir la agenda del diablo. Desde la prostitución hasta la adicción a las drogas o el juego o la adivinación, hay muchas estrategias demoniacas que distraen a las personas de la verdad y de la luz del Evangelio e impiden que la voluntad de Dios se haga en un país o una región. De hecho, los principados rigen sin oposición en algunas zonas del mundo donde el Evangelio es silenciado y esa precisamente es la razón por la que el Evangelio es silenciado.

Según Efesios 6:12, sabemos que nuestra lucha no es contra sangre y carne, no es contra los proxenetas y los traficantes de drogas y las brujas, sino "contra principados, contra potestades, contra los gobernadores de las tinieblas de este siglo, contra huestes espirituales de maldad en las regiones celestes". Vimos a un principado en acción en el libro de Daniel, que trabajó para impedir la respuesta a una oración durante 21 días (ver Daniel 10:13). Sabemos que los principados y las potestades tratan de separar a las personas del amor de Dios en Cristo (ver Romanos 8:38−39). Pero también sabemos que Jesús despojó a los principados y a las potestades, "y los exhibió públicamente, triunfando sobre ellos en la cruz" (Colosenses 2:15). Ahora está sentado a la diestra de Dios, "sobre todo principado y autoridad y poder y señorío, y sobre todo nombre que se nombra, no sólo en este siglo, sino también en el venidero" (Efesios 1:21).

Discernir a Jezabel sobre su ciudad

¿Por qué Jezabel reina sobre algunas ciudades y naciones? La respuesta no es profunda. En realidad no. La dolorosa verdad es simple: Jesús nos dio autoridad para vivir en victoria y la Iglesia no siempre ha ejercido esa autoridad, particularmente en lo que se refiere a Jezabel.

Mire lo que pasó cuando la reina Jezabel ejerció su influencia sobre el Israel del Antiguo Testamento: La voz del Señor se apagó. Había asesinatos motivados por el deseo de poder, lujuria, adulterio espiritual, idolatría, brujería y exaltación de los falsos profetas. De la misma manera, la Jezabel del Nuevo Testamento enseñó y sedujo a los creyentes para que adoraran a los ídolos y fomentaran sus deseos lujuriosos. Cuando Jezabel se manifiesta, hay perversiones sexuales de toda clase. Tristemente, esto se tolera a menudo en nuestra sociedad secular, incluso algunas veces se tolera en la iglesia.

Con frecuencia vemos señales de la influencia de Jezabel sobre una ciudad en la misma medida en que hay señales de la influencia de Dios sobre una ciudad. Hay pistas para saber que Jezabel está ejerciendo su influencia seductora en una región en particular.

Dos pasos clave pueden ayudarlo a discernir a Jezabel sobre su ciudad, en un proceso que se conoce como mapeo espiritual. Lo primero es investigar la historia de la zona para ver si han ocurrido allí algunas iniquidades que podrían haber dado a Jezabel un punto de apoyo. Pero recuerde que ese es solo el primer paso. No es aconsejable tratar de deducir la presencia de Jezabel en una ciudad y lanzarse a una guerra espiritual basándose solo en hechos y cifras. La información que usted necesita para derrotar al enemigo se revela mejor a través del segundo paso: la oración, el ayuno y las revelaciones que el Espíritu Santo estime hacer. El mapeo espiritual, la combinación de la investigación y la oración, a menudo revela las fortalezas demoniacas sobre un territorio. Puede desenterrar los secretos de por qué algunos pecados parecen dominar en algunas regiones.

También dese cuenta de la dinámica natural. En la sociedad moderna, una ciudad donde Jezabel domina puede que tenga una fuerte presencia de espiritistas, lectores de la mano, lectores de la bola de cristal, lectores de las cartas del tarot y cosas como esas. Una ciudad donde Jezabel domina puede que esté llena de clubes de entretenimiento de adultos, tiendas de pornografía, homosexualidad, incluyendo bisexualidad y transexualidad, adulterio, aborto y divorcio. Aunque estos asuntos están presentes de alguna forma en muchas ciudades, la diferencia que marca que el espíritu de Jezabel domina en una ciudad es la prevalencia de esas cosas.

Veamos un ejemplo. Jezabel tienen una fortaleza territorial en el sur de la Florida (la parte más al sur de la Florida), que es donde yo vivo. Al sur de la Florida a veces se le llama el "cementerio de los evangelistas". En este territorio, para usar una frase que puede que usted reconozca, los cielos parecen tan duros como el bronce. Los cielos de bronce son parte de la maldición de la Ley (ver Deuteronomio 28:23). Esto pareciera indicar que nuestras oraciones se eleven solo para encontrarse con un cielo de bronce y caer de nuevo a la tierra. Por supuesto, sabemos que eso no es cierto porque Dios escucha las oraciones de los justos (ver Proverbios 15:8).

¿Cómo vemos a Jezabel manifestarse? La Biblia se refiere a la rebelión como el pecado de la brujería (ver 1 Samuel 15:23). Bueno, el sur de la Florida es el hogar de una enorme rebelión cultural a través de la homosexualidad, de un escenario activo de consumo de droga, de indecentes clubes nocturnos y cosas como esas. La Biblia habla de Jezabel y de su brujería (ver 2 Reyes 9:22). El sur de la Florida es el hogar de una gran variedad de poblaciones diferentes que han traído la santería de Cuba, el vudú de Haití y el rastafari de Jamaica y sabe Dios qué otros demonios de otras partes del mundo. Uno pudiera decir que aquí los principados y las potestades son tan versátiles como la población. Las estadísticas confirman la manifestación de Jezabel en este lugar. Florida está en el segundo lugar en el porcentaje de homosexuales, lesbianas y población bisexual después de California, según la Oficina de Censos de Estados Unidos. Eso significa que la perversión y la inmoralidad sexual de Jezabel manifestándose. Miami tiene las tasas más altas de VIH en los Estados Unidos, también según la Oficina de Censos de Estados Unidos. Ese es el fruto de la perversión y la inmoralidad sexual de Jezabel.

En Miami la competencia entre los espiritistas es feroz y constituye un gran negocio. El anterior coanfitrión de Psychic Friends Network llevó a los tribunales a los operadores de una línea telefónica del sur de la Florida por usar el nombre de su fundador para promover su propio servicio. Hace una década la Red de Lectores Espiritistas, famosa por Miss Cleo, se presentó en un caso ante los tribunales con la Comisión de Comercio Federal y pagó una multa de $5 millones. Esa es la manifestación de la idolatría y la brujería de Jezabel.

El Grupo Barna reporta que Miami está entre las principales ciudades de la nación que tienen la menor cantidad de personas que se identifican como cristianas. *Men's Health* identifica a Miami como una de las ciudades "menos religiosas" de Estados Unidos. La revista *Forbes* ubica a Miami como la décima ciudad más codiciosa y la tercera más vana en los Estados Unidos.

En general, *Forbes* ubicó a Miami como la décima ciudad más pecaminosa en los Estados Unidos.

Ese es el fruto de la influencia de Jezabel sobre este territorio.

Aunque todas las revelaciones deben venir del Espíritu Santo, puede ser útil comprender esta clase de dinámicas naturales. Eso puede ayudarlo a ver cómo los principados, incluyendo a Jezabel, pueden estar influyendo en la población y ayudarlo a saber cómo orar.

Si está seguro de que Jezabel está dominando su ciudad, ¿cómo debe proceder? En primer lugar, Jezabel no es un principado que usted derriba solo en su cámara de oración. Y, en segundo lugar, Jezabel no se rendirá hasta que Jesús regrese. En otras palabras, ni siquiera un ejército de guerreros de oración va a poder derribar a Jezabel en su ciudad durante un servicio en la iglesia o una conferencia.

Para lidiar con las influencias jezabélicas sobre su territorio, únase a un grupo de oración colectivo para atar las operaciones de este espíritu, pero solo bajo el liderazgo notorio del Espíritu Santo. Si trata de derribar a Jezabel en la carne, el enemigo lanzará un contraataque que puede que no haya esperado, o para el cual no esté preparado.

En última instancia, la mejor forma de luchar contra Jezabel es buscar un avivamiento hasta que Dios derrame su Espíritu y ocurra un despertar que haga que tanto los santos como los pecadores caigan de rodillas. Cuando un avivamiento verdadero llega a una ciudad, las almas se salvan, las vidas cambian y Jezabel pierde su control sobre los pecadores involucrados en la inmoralidad sexual y la idolatría.

Jezabel a nivel individual

En lo que se refiere al dominio del espíritu de Jezabel a nivel individual, me acojo a la última teoría del Dr. Lester Sumrall acerca de la posesión demoniaca como la describe en su clásico *Demonology & Deliverance, Volume 1*[2]. El Dr. Sumrall describe siete etapas de influencia demoniaca: la regresión, la represión, la supresión, la depresión, la opresión, la obsesión y la posesión. Estas se aplican a la actividad del espíritu de Jezabel. Tenga en cuenta que fue Sumrall quien dijo que el mayor enemigo de la iglesia de los últimos tiempos sería el espíritu de Jezabel.

Creo que la forma predominante en que Jezabel entra en el alma de un individuo es a través del dolor y las heridas y de los votos (o pactos) que a menudo se hacen consciente o inconscientemente. Muchas veces, esas heridas están ligadas al rechazo. Recuerdo una tarde cuando estaba acostada en mi cama llorando. Ya no me acuerdo por qué estaba tan turbada, pero sí recuerdo una voz que vino y me susurró estas palabras: *¡Nunca permitiré que nadie me dañe de esa manera otra vez!*

Esa era la voz de Jezabel tratando de seducirme. Jezabel quería que yo hiciera un pacto con ella haciendo un voto que permitiera que este espíritu se posesionara como un guardián sobre mi vida para acallar el amor de Dios e invitar a otros demonios a mi alma. Si yo hubiera repetido en alta voz esas palabras o si tan siquiera hubiera estado de acuerdo con ellas en mi mente, habría hecho un pacto con Jezabel que le habría dado a este espíritu el permiso para plagar mi alma por el resto de mis días (o al menos hasta que reconociera la necesidad de arrepentirme y buscar liberación).

Por la gracia de Dios, algo inquietó mi espíritu cuando escuché esas palabras. Me asustaron. Me levanté y rechacé aquella voz en el nombre de Jesús, luego perdoné enseguida a mis enemigos, oré por ellos y continué adelante. Mire, el diablo no juega limpio. Jezabel lo herirá y después lo engañará para que haga un pacto con él declarándolo en voz alta, para "protegerlo" de que lo dañen otra vez.

Siempre que hace un voto como ese, el demonio entra y

2 Dr. Lester Sumrall, *Demonology & Deliverance* (South Bend, Ind.: LeSEA Publishing Co., 2001), 1:103–117. Copyright © 2001 by LeSEA Publishing Co. Usado con permiso.

comienza a levantar paredes, voces que apagan la verdadera voz de amor. Puede que al principio no haya ningún cambio en su manera de actuar. Pero cuando atraviese situaciones que le recuerden la herida que sufrió o un incidente en particular derrame sal sobre una herida abierta (Jezabel nunca sanará sus heridas, solo las abrirá más para su beneficio), comenzará a manifestar señales de que Jezabel está influyendo en sus pensamientos, palabras y hechos.

Veamos ahora los siete grados de influencia demoniaca, según la lista de Sumrall, en lo que se refiere específicamente al espíritu de Jezabel.

Etapa uno: La regresión

El primer paso es la regresión. En lo que se refiere a la habilidad del espíritu de Jezabel para influir en el alma (la mente, la voluntad y las emociones) esta se manifiesta cuando la persona cae en patrones de conducta del viejo hombre. Así como alguien que ha sido liberado de la adicción al alcohol puede que regrese al bar para tomar un trago en algún día estresante, el alma herida que hace un pacto con Jezabel volverá a acudir a la autoprotección y a la autovindicación en vez de confiar en que Dios lo protegerá y lo vindicará. La buena noticia, destaca Sumrall, es que cualquiera puede vencer la regresión a través de la oración y la alabanza. Y, por supuesto, el pacto tiene que romperse.

Etapa dos: La represión

La etapa dos es la represión. El diccionario define *reprimir* como "aplacar a la fuerza" y "prevenir cualquier actividad o desarrollo normal y natural". La represión se define más ampliamente como "un proceso mental por medio del cual los pensamientos, los recuerdos y los impulsos inquietantes que pueden dar lugar a la ansiedad se excluyen de la conciencia y se relegan al subconsciente".

En esta etapa Jezabel ejerce mayor presión sobre su víctima, lo que puede influir en la conducta de la víctima. Una persona que alguna vez fue paciente y amable pero que Jezabel está reprimiendo puede reaccionar con enojo ante una situación que no representa ninguna amenaza porque la misma toca una vieja herida. La persona en cuestión recuerda el dolor, ya sea consciente o inconscientemente, y reacciona.

Debido al voto, el individuo es guiado por el espíritu de Jezabel en vez de por el Espíritu de Dios. Es decir, en vez de manifestar el fruto del Espíritu, el individuo manifiesta el fruto de Jezabel, tan sutil como este pueda ser. Existe un potencial para que la persona se convierta en un jezabelita en esta etapa temprana.

¿Cuál es el fruto del espíritu de Jezabel? En el nivel superficial y desde mi experiencia práctica lidiando con este espíritu, el fruto del espíritu de Jezabel incluye control, manipulación, adulación, lucha, actitud defensiva, orgullo, deshonestidad, ingratitud, espíritu crítico, competitividad exagerada, intimidación, súper espiritualidad, agresividad, búsqueda de atención, deseo de venganza, desaprobación, ambición exagerada, independencia, desdeño por la autoridad, búsqueda de posiciones, lujuria, hambre de poder y espíritu religioso.

Permítame añadir que solo porque alguien manifieste una o algunas de esas señales, no podemos concluir automáticamente que hay un espíritu de Jezabel en acción. Recuerde, no estamos en una cacería de brujas. Estas son señales de Jezabel, pero también son señales de otras maldades espirituales, incluyendo las meras obras de la carne.

Pablo explica:

"Y manifiestas son las obras de la carne, que son: adulterio, fornicación, inmundicia, lascivia, idolatría, hechicerías, enemistades, pleitos, celos, iras, contiendas, disensiones, herejías, envidias, homicidios, borracheras, orgías, y cosas semejantes a estas; acerca de las cuales os amonesto, como ya os lo he dicho antes, que los que practican tales cosas no heredarán el reino de Dios".

Gálatas 5:19–21

Debemos depender del discernimiento del Espíritu Santo para reconocer a Jezabel y tenemos que entender que Jezabel aprovecha los apetitos de la carne para introducir la idolatría e inmoralidad.

Etapa tres: La supresión

La influencia de Jezabel se hace más peligrosa en la etapa tres: la supresión. *Supresión* significa "aplacar por medio de la autoridad o la fuerza, refrenarse de un curso de acción usual". Jezabel quiere refrenar a la persona real y usurpar su verdadera personalidad. La *supresión* es "excluir intencionalmente de la conciencia un pensamiento o un sentimiento". ¿El resultado? Jezabel obra a través del individuo sin que él ni siquiera lo sepa. Aquí, el jezabelita comienza a rendir un mayor parte de su alma a este espíritu malvado.

En esta etapa, puede que el jezabelita ni siquiera esté consciente de por qué está tratando de manipular una situación con halagos y mentiras, de hecho, puede que ni siquiera se dé cuenta totalmente de que está siendo manipulador. La raíz del dolor del jezabelita, dolor con el que nunca ha lidiado, ha sido suprimida en el alma. Jezabel ahora está prestando su propia personalidad a la víctima. Cuando el jezabelita gana amigos u obtiene poder o tiene un progreso hacia varias otras metas criticando o usando información para beneficio personal, está reforzando las "recompensas" de colaborar con el espíritu de Jezabel. Con el pasar del tiempo el jezabelita da más y más de sí mismo a esta influencia demoniaca por medio de una conducta aprendida.

Etapa cuatro: La depresión

La depresión es una epidemia en la sociedad actual. Según la Organización Mundial de la Salud (OMS), la depresión afecta a alrededor de 121 millones de personas en todo el mundo y es la causa principal de incapacidad. La OMS define la *depresión* como "un desorden mental común que se manifiesta en un ánimo deprimido, falta de interés en el placer, sentimientos de culpa o de baja autoestima, perturbaciones del sueño o del apetito, poca energía y dificultad para concentrarse".

Aunque muchas personas experimentan la depresión en diferentes grados, la depresión a largo plazo se puede asociar con un espíritu de maldad y este podría ser Jezabel. Es posible que Jezabel cause esta depresión, que incluye sentimientos de ineptitud que pueden llevar al jezabelita a compensarlos con una postura de orgullo o crítica. Otras veces Jezabel se aparece cuando el creyente está en un momento difícil para consolarlo, usurpando la autoridad que Dios le ha dado en el proceso.

¿Se acuerda de lo deprimido que se puso el rey Acab cuando no pudo salirse con la suya y adueñarse de la viña de Nabot? Acab regresó a casa triste y enojado (ver 1 Reyes 21:4). La Biblia dice que se acostó en su cama, y volvió su rostro, y no comió. Suena como los síntomas clásicos de la depresión. Cuando la reina Jezabel se encargó del asunto y se aseguró de obtener la propiedad, Acab salió de su depresión y se levantó para tomar posesión de la tierra.

Elías también cayó en depresión después de lidiar con los falsos profetas de la reina Jezabel. La reina lo amenazó con las siguientes palabras: "Así me hagan los dioses, y aun me añadan, si mañana a estas horas yo no he puesto tu persona como la de uno de ellos" (1 Reyes 19:2). Eso provocó que Elías corriera todo un día por el desierto. La Biblia dice que se sentó debajo de un enebro y, deseando morirse, dijo: "Basta ya, oh Jehová, quítame la vida, pues no soy yo mejor que mis padres" (1 Reyes 19:4). Se sintió aislado y sintió lástima de sí mismo. Síntomas clásicos de la depresión.

La depresión ya no se manifiesta solamente en el mundo secular; la encontramos abundantemente dentro de la iglesia. Cuando los cristianos están deprimidos, están más prestos a entregar a otros la autoridad que Dios les ha dado y es menos probable que se opongan a los planes malvados del maligno. Aunque Jezabel no es la única culpable, ni siquiera la principal, de que la depresión se introduzca en la iglesia, este espíritu se aprovechará del creyente deprimido. De hecho, los mejores amigos del jezabelita son a menudo personas emocionalmente inestables que están demasiado dispuestos a ceder el control sobre determinadas situaciones en su vida diaria.

Etapa 5: La opresión

Todos hemos visto ejemplos naturales de opresión. Oprimir significa "aplastar mediante el abuso de poder o de autoridad, sobrecargar espiritual o mentalmente". Una gran parte de la historia de la humanidad recoge la opresión de las mujeres a través del sexismo, la opresión de los grupos étnicos a través del racismo y la opresión de los cristianos a través de la persecución religiosa. La opresión de Jezabel cae en esta última categoría. Jezabel adora a dioses falsos y, como Acab, quiere que el pueblo de Dios adore a dioses falsos.

A medida que la influencia demoniaca se hace más fuerte sobre los jezabelitas, nos damos cuenta de que Jezabel trabaja para oprimir a sus víctimas al aislarlas de las voces que transmiten la verdad. Jezabel puede usar la brujería, que también se conoce en la Biblia como hechicería. El Diccionario Expositivo Vine explica que la hechicería, como la describe la Biblia, implica primariamente el uso de la medicina, las drogas, los encantos y los venenos:

En la "hechicería", el uso de las drogas, ya sea simples o potentes, se acompañaba generalmente de encantamientos y apela a los poderes ocultos, con la provisión de varios encantamientos, amuletos, etc., diseñados a propósito para evitar que el solicitante o el paciente sea objeto de la atención y de los poderes de los demonios pero, en realidad, pretende impresionar al solicitante con los recursos y los poderes misteriosos del hechicero.

Jezabel oprime a sus víctimas casi siempre a través de las imaginaciones. Las imaginaciones son imágenes o pensamientos inspirados por los demonios. Es posible que las víctimas de Jezabel escuchen susurros acerca de que son indignas o de que no son amadas, por ejemplo. Si las víctimas deciden vocalizar como verdades las imaginaciones que Jezabel libera, tal como sucede con los votos, las palabras adquieren poder sobre sus vidas. Cuando esas imaginaciones son aceptadas, pueden conducir a muchas manifestaciones negativas, físicas o de alguna otra índole.

La voz de Jezabel puede producir un temor opresivo, como sucedió con Elías. La opresión también puede ser consecuencia del abuso espiritual, como sucede cuando aquellos que están en autoridad tratan de ejercer el control a través de una búsqueda obsesiva de poder. La opresión también se puede manifestar como una enfermedad en nuestros cuerpos físicos, como tentaciones insoportables para pecar que aparentemente parecen imposibles de resistir en la carne, como apatía espiritual, como un adentramiento en falsos sistemas religiosos, como un sentimentalismo exagerado en cualquier aspecto o incluso como presiones financieras e insomnio.

La buena noticia es esta: "Dios ungió con el Espíritu Santo y con poder a Jesús de Nazaret, y éste anduvo haciendo bienes y sanando a todos los oprimidos por el diablo, porque Dios estaba con él." (Hechos 10:38). Cualquier creyente puede liberarse de la opresión de Jezabel, o ayudar a otros a liberarse, al ejercer su autoridad en Cristo sobre Jezabel. Pero mientras no se destruyan los lazos con Jezabel, mientras no se rompa cualquier pacto o votos o imaginaciones, Jezabel tiene el derecho de continuar trabajando con sus brujerías en la vida de un creyente. El creyente tiene que arrepentirse y renunciar a Jezabel para ser libre.

Etapa 6: La obsesión

¿Alguna vez se ha encontrado con alguien que tiene una preocupación persistente y perturbadora por una idea o un sentimiento a menudo irrazonable? ¿Una motivación absorbente? Esa es la definición de obsesión. Sumrall mencionó obsesiones negativas y positivas. Una obsesión con Jesús y su Palabra, por ejemplo, es una obsesión positiva. Una obsesión negativa, por el contrario, abre la puerta a la destrucción en nuestras vidas.

Un creyente con una obsesión negativa no puede pensar con claridad. Cuando Jezabel está en el asunto, esta es la etapa en la que el engaño de Jezabel se ha apoderado de la mente de alguien. El jezabelita está creyendo una mentira y está esclavizado a este espíritu. Cuando un espíritu de Jezabel engaña a alguien, esa persona comienza a manifestar altos niveles de las características de Jezabel como ya hemos dicho. Más allá de la manipulación y el control, es aquí donde la influencia de Jezabel se vuelve asesina. Jezabel influirá en una persona para que asesine la reputación de otros, divida a las iglesias, abuse de los creyentes en el nombre de Jesús y produzca un gran daño sobre sí misma mediante las adicciones, incluyendo las drogas y el sexo.

El jezabelita obsesionado está ejerciendo la voluntad de Jezabel y está demasiado engañado como para saberlo. Puede que incluso enseñe contra el espíritu de Jezabel mientras está obrando según este espíritu. En este punto, sin la intervención divina, el jezabelita necesita una confrontación del Espíritu Santo mediante la intervención de otro creyente y un ministerio de liberación capacitado para liberarse del dominio de este espíritu. El jezabelita también necesita una consejería permanente, porque Jezabel no desistirá solo porque la han echado fuera.

Recuerde, el jezabelita le ha dado permiso a este espíritu para que entre, tal vez al negarse a perdonar a alguien o al hacer un voto con Jezabel. Puede que el jezabelita no conozca que la falta de perdón está presente o que olvide que ha hecho un voto porque el dolor o la herida se produjeron en su juventud y no recuerda el incidente. Esta es una de las razones por las que el ministerio de liberación y discernimiento, junto con el propio entrenamiento del creyente para escuchar la voz de Dios, es tan importante.

Etapa 7: La posesión

Mucho se ha debatido acerca de que si un creyente puede o no estar poseído por un demonio. Para este debate, podemos reconocer que hay una vasta diferencia entre la opresión y la posesión. La posesión implica un control y un dominio total. Personalmente, no creo que un creyente pueda ser completamente poseído por un espíritu de Jezabel o por cualquier otro espíritu. Pero eso no significa que sea imposible encontrar a *alguien que asiste a la iglesia* que esté poseído. ¿Se da cuenta de la diferencia? No todo el que entra por la puerta de la iglesia, canta en el coro o sirve en el altar es cristiano.

Cuando tratamos con creyentes que tienen el espíritu de Jezabel, debemos recordar que somos seres tripartitos: espíritu, alma y cuerpo. Creo que Jezabel ataca a nuestras almas y cuerpos, pero no puede dominar nuestros espíritus. No creo, por tanto, que un cristiano pueda ser poseído por un espíritu de Jezabel. Al mismo tiempo, he sido testigo de primera mano de la magnitud de la influencia que este principado puede ejercer incluso sobre los creyentes más experimentados.

Reconocer la marca del engaño de Jezabel

Entender las armas de Jezabel lo ayudará a pararla en seco en cada uno de sus intentos. Recuerde esto: Jezabel no lo puede controlar hasta que no lo seduzca (ver 2 Reyes 9:30). El primer movimiento de Jezabel es ponerlo de su lado. Este espíritu a menudo comienza con adulación (falsos cumplidos). La adulación de Jezabel puede sonar más o menos así: "Eres tan maravilloso (o maravillosa). Nadie canta como tú. Tú debes ser el líder de adoración aquí. No me explico por qué el pastor no ve el don de Dios que hay en ti".

Con frecuencia Jezabel usa las ataduras del alma para atrapar a sus víctimas. Jezabel trabaja para forjar un lazo con usted de modo que usted confíe en ella y la siga implícitamente para poder, en última instancia, controlar su mente y su conducta. Jezabel también usa tácticas de aislamiento para mantenerlo alejado de otros que puedan hablar la verdad a su vida. Jezabel puede conducir a este aislamiento a través del temor, la intimidación, el rechazo o el cansancio. Recuerde que Jezabel logró aislar a Elías, quien se apartó de la sociedad y se adentró en el desierto, dejando atrás incluso a su sirviente. Donde usted encuentra a Jezabel, a menudo encontrará también a sus compañeros de carrera: el temor y la brujería.

En un nivel, el espíritu de Jezabel es como la historia del Dr. Jekyll y el señor Hyde, la historia ficticia de un hombre que se transforma de un científico bien educado a un sicópata homicida. En otras palabras, el espíritu de Jezabel puede tratar de hacer cumplir su agenda gentilmente primero, pero si el objetivo no coopera, rápidamente escala en su trama de maldad.

Hablando en un sentido práctico, esto significa que la primera línea de Jezabel es usarlo como una vasija o un eunuco. Jezabel quiere fluir a través de usted para llevar a cabo su obra de maldad. Repito, Jezabel se enfoca en aquellos que están rebeldes, débiles o heridos y sabe cómo usar las heridas y los dolores profundos para desviar y explotar. Pero si usted no coopera con la agenda de Jezabel, este espíritu lo atacará y tratará de asesinar su reputación. Jezabel puede incluso llegar a acusarlo de ser un jezabelita para desviar la atención de sí misma.

Desarraigar a Jezabel

Si el Espíritu Santo le está mostrando que está usando tácticas jezabélicas para protegerse a sí mismo o salirse con la suya (tal vez está manipulando situaciones, compartiendo o reteniendo información de algunas personas, jugando juegos emocionales en algunas relaciones para obtener lo que quiere o usando insinuaciones sexuales como una herramienta) necesita arrepentirse, renunciar a esa actividad, pedir y recibir el perdón, y pedirle a Dios que le conceda el discernimiento para no caer otra vez presa de Jezabel.

También necesita considerar el avance que Jezabel ha logrado en su alma para poder alejarse verdaderamente de los patrones de conducta inspirados por demonios que están influyendo en su vida y conduciéndolo al lugar oscuro. Jesús dijo que Satanás no tenía lugar en Él (ver Juan 14:30).

¿Qué podría haber en usted que pudiera permitir que Jezabel socavara e incluso usurpara su autoridad como rey y sacerdote? ¿Cómo podría Jezabel encontrar una forma de anclar sus ganchos seductores en su alma?

Tómese un tiempo para reflexionar y orar y pregúntese a sí mismo (y al Espíritu Santo) si tiene algún problema con la lujuria, con la avaricia o con el orgullo. Jezabel fluye en la inmoralidad sexual y la idolatría y se siente orgullosa de eso. Si tiene problemas con la lujuria, Jezabel tiene sus ganchos en usted. Si tiene problemas con la codicia, tiene problemas con la idolatría (ver Colosenses 3:5). Y, por supuesto, la idolatría se presenta de muchas maneras. Si piensa que Jezabel no puede engañarlo, entonces es que ya lo ha engañado.

¿Está luchando con heridas y dolores del pasado que no ha podido resolver, con la rebelión, con la falta de perdón, con inseguridades exageradas, con temores escondidos o con el rechazo? Cuando caminamos en rebelión consciente y voluntariamente, nos abrimos a la influencia de Jezabel. Rebelión es decidir no perdonar y nuestros dolores y heridas nunca sanarán completamente hasta que hayamos liberado a aquellos que nos dañaron y nos hirieron. La adulación es una herramienta eficaz para manipularlo si usted tiene inseguridades y temores escondidos o rechazo. Querrá recibir las palabras "amables" o las profecías hinchadas porque quiere creer que son verdaderas. Una vez que ha mordido el anzuelo de Jezabel, este espíritu puede manipularlo. El rechazo da lugar a una gran variedad de vulnerabilidades. Si camina bajo la sombra del rechazo es probable que trabaje horas extra para ganar aprobación y Jezabel a menudo está allí con sus adulaciones para aprovecharse y hacer que usted trabaje para llevar a cabo sus tareas malvadas.

¿Y qué hay sobre las palabras de su boca? ¿Ha hecho votos o declaraciones sobre su vida que le han dado a Jezabel el derecho de servir como su "protectora"? ¿Ha invitado sin saberlo a Jezabel a que dirija y reine sobre su vida en vez de someterse a Dios? Como hemos explicado, cuando dice cosas como: "Nunca permitiré que nadie me dañe otra vez" o "Me protegeré de este tipo de trato de ahora en adelante", usted está invitando a Jezabel para que lo ayude a hacer esas palabras realidad. Dios es nuestro defensor, nuestro vindicador y nuestro abogado. Nuestros votos deben referirse solo al servicio a Él.

Recuerde, Jezabel no juega limpio. Jezabel se aprovecha de nosotros cuando estamos abatidos. Las heridas o los dolores sin resolver y la amargura, el resentimiento y la falta de perdón que a menudo los acompañan, son senderos hacia el engaño. Debemos invitar al Espíritu Santo a que nos muestre cualquier cosa que desea que veamos, especialmente si sentimos que algo no está bien con nuestras almas. Es difícil mantener a raya a Jezabel si comparte algo con ella. Puede arrepentirse, pero tiene que hacerlo verdaderamente, lo que significa volverse en otra dirección. Jezabel encontrará la forma de regresar si usted no cierra bien la puerta tras sí de una vez y para siempre, y le pide al Espíritu Santo que le ayude a guardar su corazón.

Guardarse de Jezabel

¿Y qué tal si usted no está caminando en un engaño de Jezabel sino que, más bien, está tratando de guardar su corazón, o de guardar su iglesia, de una invasión de Jezabel? La respuesta es que no debemos buscar a de Jezabel detrás de todas las puertas. Recuerde, esa respuesta no es balanceada y a menudo le permite a Jezabel permanecer escondida mientras que se acusa falsamente a personas inocentes.

Pídale a Dios que le ayude a desarrollar el discernimiento. Juzgar las profecías acertadamente es una clave esencial para evitar las trampas de las falsas declaraciones proféticas de Jezabel. El apóstol Juan escribió: "Amados, no creáis a todo espíritu, sino probad los espíritus si son de Dios; porque muchos falsos profetas han salido por el mundo" (1 Juan 4:1).

Asegúrese de no aislarse. Permanezca conectado con otros cristianos estables dentro de una iglesia local. "Y considerémonos unos a otros para estimularnos al amor y a las buenas obras; no dejando de congregarnos, como algunos tienen por costumbre, sino exhortándonos; y tanto más, cuanto veis que aquel día se acerca" (Hebreos 10:24-25). A ninguno de nosotros se nos ha llamado a que caminemos solos por esta vida. Rodearse de una comunidad de creyentes le dará el apoyo y la responsabilidad que necesita para guardarse de Jezabel.

Necesita una combinación de información y revelación para guardarse y derrotar a Jezabel. En este libro hemos procesado una gran cantidad de información. Ahora asegúrese de obtener la revelación que necesita del Espíritu Santo, o podría herir a alguien o confundir la verdadera tarea de Jezabel contra su vida o su iglesia. Repito, la mentalidad de cacería de brujas es una gran parte de cómo obra el engaño de Jezabel. Es una táctica para distraer que hace que usted se enfoque en el objetivo equivocado, mientras que Jezabel trabaja sutilmente en medio de usted.

No va a detener a Jezabel amonestando a este espíritu cada mañana para que no entre en acción o alzando los brazos para golpear el aire en cada las reunión de oración. No va a guardarse de Jezabel atando a este espíritu todas las noches por si acaso Jezabel anda merodeando. De la misma manera, ayunar es útil para desarraigar a Jezabel de su propia vida, pero no puede ayunar para desarraigar a Jezabel de la iglesia local.

Necesitamos volver a usar el discernimiento en la guerra espiritual para dar pasos efectivos contra el enemigo. Hay momentos para atar y desatar, momentos para amonestar, momentos para involucrarse en la guerra espiritual. Pero, en última instancia, usted detendrá la operación de este espíritu en su vida solo cuando obedezca. Cuando usted ora y obedece a lo que el Espíritu Santo le dice, cuando camina de acuerdo a la Palabra de Dios y está presto a arrepentirse, desmantelará las operaciones de Jezabel.

Caminar en autoridad

Recuerde, Acab *dio* su autoridad a Jezabel. Jezabel no puede *tomar* su autoridad. Usted se la tiene que entregar. La ignorancia acerca de que tenemos autoridad (o la ignorancia de que debemos someternos a las autoridades adecuadas) es uno de los terrenos favoritos de Jezabel. Jezabel sabe que usted no puede detenerla hasta que no esté consciente de que puede hacerlo.

¿Se pone de pie la verdadera Jezabel, por favor?

Jesús le dio a su Iglesia su autoridad y le dio al liderazgo espiritual autoridad dentro de la Iglesia. Espera que ejerzamos nuestra autoridad para su gloria mientras que, a la vez, nos sometemos a la autoridad debida en el Cuerpo de Cristo. No podemos tener efectividad al atar a Jezabel si estamos actuando como Jezabel. Debemos permitir que todas las cosas se hagan decentemente y con orden (ver 1 Corintios 14:40) porque Dios no es un Dios de desorden y confusión (ver 1 Corintios 14:33). Dios ha establecido un paradigma de liderazgo en la Iglesia y debemos someternos a él.

¿Cómo puede Jezabel usurpar su autoridad? Más allá de hacer votos con este espíritu, usted entrega a Jezabel su autoridad en bandeja plateada cada vez que no permanece en el papel que Dios destinó para usted. Dicho de otra forma, siempre que Dios le dice que haga algo y usted no lo hace, está entregando su autoridad a un espíritu que alegremente tomará su lugar.

Las personas que operan en este espíritu de Jezabel identifican las necesidades de los líderes de su iglesia local y se ofrecen voluntariamente para satisfacerlas. Esto podría ser en la intercesión, en el ministerio de niños o en algún otro ministerio donde el trabajo sea mucho y los obreros pocos. Sus motivaciones no son puras, solo quieren el reconocimiento o el control o el renombre o la alabanza, pero están dispuestos a hacer el trabajo cuando nadie más lo está. El pastor, buscando un poco de alivio en una tarea abrumadora, está feliz por la ayuda.

Cuando su pastor necesita que *usted* lidere el equipo de oración intercesora en la iglesia y usted sabe *que el Espíritu Santo lo está conduciendo* en esa dirección pero su carne o su alma lo hace desistir, puede que algún jezabelita *se ofrezca como voluntario* para hacer esa tarea. Cuando el Señor lo llama para que sea un maestro de la Escuela Dominical pero usted está demasiado ocupado como para encargarse de eso, a menudo hay un jezabelita dispuesto *a ocupar su lugar*. *Debido a que no acepta las tareas que Dios tiene para usted, Jezabel ahora tiene a un guardián a la espera de esa oportunidad.* El jezabelita comenzará a crear su propio séquito leal, usurpando la autoridad del pastor en ese ministerio o departamento. Caminar en humildad es clave para una adecuada sumisión. Usted no puede ser seducido si está caminando en humildad, porque sabe que fuera de Él no puede hacer nada. Necesitamos permanecer fieles a esta palabra:

"Haya, pues, en vosotros este sentir que hubo también en Cristo Jesús, el cual, siendo en forma de Dios, no estimó el ser igual a Dios como cosa a que aferrarse, sino que se despojó a sí mismo, tomando forma de siervo, hecho semejante a los hombres; y estando en la condición de hombre, se humilló a sí mismo, haciéndose obediente hasta la muerte, y muerte de cruz".

Filipenses 2:5–8

Parece obvio, pero saber que usted está en Cristo, estar consciente de su autoridad en Él, lo ayudará a combatir los ataques de Jezabel. Esto es posible porque cuando usted sabe que está en Cristo puede evitar más eficazmente las trampas de la inseguridad, del temor y del rechazo, de las cuales se alimenta Jezabel.

Actuar como un vencedor

Después que usted haga todo eso, después que se someta a Dios y a sus líderes, después que decida permanecer en su puesto, caminar en humildad, apropiarse de su identidad en Cristo y negarse a aislarse, incluso entonces Jezabel no huirá automáticamente. De hecho, a menudo Jezabel busca otra oportunidad (o un momento más oportuno) para atacar si la primera vez no tuvo éxito. Ese es el momento de estar consciente de su autoridad. Cuando usted permanece en la autoridad correcta, puede levantarse como Jehú el Conquistador y conquistar ese espíritu en su vida.

¿Se pone de pie la verdadera Jezabel, por favor?

Jehú recibió el mandato divino de parte de Dios de herir a la casa de Acab y tuvo éxito en esa empresa (ver 2 Reyes 9). La reina Jezabel del Antiguo Testamento está muerta, pero el espíritu que lleva su nombre todavía está vivo en la actualidad y Jesús espera que nosotros lo venzamos. Eso significa que tenemos que correr al frente de batalla con una determinación militar. Se necesita una fe inquebrantable para conquistar a Jezabel.

Cuando usted sienta el ataque de Jezabel en su contra, levántese en el nombre de Jesús. Pídale al Señor que le dé una unción de Jehú. Aprenda cómo reconocer la arremetida de Jezabel. Tenga en cuenta que Jezabel usa imaginaciones, temor y brujería y deseche esas imaginaciones. Permita que el perfecto amor eche fuera el temor. Ate la brujería. Permanezca a la ofensiva, no a la defensiva. Sea un hacedor de la Palabra y no solamente un oidor, engañándose a sí mismo (ver Santiago 1:22). Ore fervientemente. Ore en lenguas. Cúbrase bajo la sangre. Sométase a Dios. Ejercite su autoridad espiritual en Cristo.

Usted es un guerrero espiritual en el ejército del Rey. Tiene las armas que necesita para identificar a Jezabel en su vida o en su medio. Eso puede significar enrolarse en una guerra espiritual. Eso puede significar liberación. Eso puede significar caminar en amor. O puede significar apartarse. A medida que avance en obediencia, el Espíritu Santo lo guiará a la verdad que necesita conocer en cada confrontación con Jezabel, ya sea que esté en su propia mente, en su iglesia local o en los cielos sobre su territorio.

La verdad es que Jezabel ya ha sido derrotada. De usted depende ejercer la victoria del Señor sobre este principado, este espíritu de control, idolatría e inmoralidad. Por la gracia de Dios, usted triunfará.

Jennifer LeClaire es directora de la Casa Internacional de Oración, de la Base de Misiones en Fort Lauderdale, y pastora ejecutiva de Praise Chapel Hollywood, en Hollywood, Florida. Jennifer también sirve como editora de noticias de la revista *Charisma*. Su trabajo ha aparecido en un libro de Charisma House titulado *Understanding the Five-Fold Ministry*, que ofrece un estudio bíblico del verdadero propósito del ministerio de cinco aspectos, y *The Spiritual Warfare Bible*. Algunos trabajos de Jennifer están archivados en el Museo Flower Pentecostal Heritage Center en Springfield, Missouri.

Jennifer es una prolífica autora que ha escrito muchos libros, incluyendo *The Heart of the Prophetic*, *A Prophet's Heart*, *Fervent Faith*, *Did the Spirit of God Say That?*, *Breakthrough!* y *Doubtless: Faith That Overcomes the World*. Sus materiales se han traducido al español y al coreano.

Puede encontrar a Jennifer en línea en www.jenniferleclaire.org o en Facebook en facebook.com/propheticbooks.